重庆交通大学"十四五"规划教材

道路工程试验指导书

主　编：李德军　张兰芳
副主编：杨大田　张祖棠　范玮佳

西南交通大学出版社
·成　都·

图书在版编目（CIP）数据

道路工程试验指导书 / 李德军，张兰芳主编. —成都：西南交通大学出版社，2023.8
ISBN 978-7-5643-9291-8

Ⅰ.①道… Ⅱ.①李… ②张… Ⅲ.①道路试验 – 高等学校 – 教材 Ⅳ.①U467.1

中国国家版本馆 CIP 数据核字（2023）第 088902 号

Daolu Gongcheng Shiyan Zhidao Shu
道路工程试验指导书
主编 李德军　张兰芳

责 任 编 辑	杨　勇
封 面 设 计	原谋书装
出 版 发 行	西南交通大学出版社 （四川省成都市金牛区二环路北一段 111 号 　西南交通大学创新大厦 21 楼）
发行部电话	028-87600564　028-87600533
邮 政 编 码	610031
网　　　址	http://www.xnjdcbs.com
印　　　刷	成都蜀通印务有限责任公司
成 品 尺 寸	185 mm × 260 mm
印　　　张	13.75
字　　　数	339 千
版　　　次	2023 年 8 月第 1 版
印　　　次	2023 年 8 月第 1 次
书　　　号	ISBN 978-7-5643-9291-8
定　　　价	39.80 元

课件咨询电话：028-81435775
图书如有印装质量问题　本社负责退换
版权所有　盗版必究　举报电话：028-87600562

前 言
PREFACE

　　道路工程试验检测工作是设计参数确定、施工质量控制、工程质量验收评定、养护管理决策的重要依据和必要手段，是保证道路工程质量的重要措施。随着我国城市及公路建设的飞速发展，道路工程的检测任务更趋繁重。同时，技术标准、试验规程不断更新，对试验检测人员的专业水平、检测技能提出了更高的要求。为此，我们收集了近年新颁布的技术规范、试验方法，编写了这本《道路工程试验指导书》，为在校的大、中专学生提供一本适用的检测教材，也为从事工程检测的技术人员提供一本实用的工具书。

　　道路工程试验涉及的范围较广，本书主要介绍公路路基路面的有关试验。在内容编排上，选择了道路工程中常用材料的基本试验项目，兼顾高校道路建筑材料、路基路面工程、沥青及沥青混合料、水泥混凝土及制备技术、胶凝材料学、材料检测技术、土力学与地基基础等土木类专业试验项目以及结合工程质量的思政元素进行编写，注重基础理论知识与试验基本原理的相融性，注重学生基本试验技能的锻炼，培养学生利用所学理论知识解决实际工程问题的能力，具有较强的实用性。结合现行标准和规程，讲述道路工程常用材料的基本概念、常规试验项目、抽样方法及频率、试验依据以及常规试验测试原理与方法。全书主要分为七章：第一章试验数据处理；第二章砂石材料试验；第三章路基土试验；第四章基层与底基层试验；第五章水泥与水泥混凝土试验；第六章沥青与沥青混合料试验；第七章路基路面现场测试方法。

　　本教材为重庆交通大学"十四五"规划教材，得到重庆交通大学教材学术著作出版委员会资助。本书第二、五、六、七章由李德军编写，第一章由张祖棠编写，第三章第一～六节由杨大田编写，第三章第七～九节由范玮佳编写，第四章由张兰芳编写。全书由李德军统稿定稿、修改、校正。邓星鸿参与了资料收集等工作，重庆交通大学材料中心全体教师对本书的编写大纲提出了建议和意见，在此表示诚挚的谢意！

　　限于编者的学识水平和实践经验，书中不妥及疏漏之处，恳请广大师生、读者不吝赐教。

编者

2022 年 10 月

目 录
CONTENTS

第一章　试验数据处理 ··· 001
 第一节　抽样检验 ·· 001
 第二节　试验数据的处理与分析 ······························ 002
 第三节　数理统计方法评定路基路面试验项目 ················ 009
 思政小记 ·· 015

第二章　砂石材料试验 ··· 016
 第一节　石料真实密度试验 ···································· 017
 第二节　石料单轴抗压强度试验 ······························ 019
 第三节　粗集料筛分试验 ······································ 021
 第四节　粗集料含泥量及泥块含量试验 ······················ 024
 第五节　粗集料密度试验（网篮法） ·························· 026
 第六节　粗集料堆积密度及空隙率试验 ······················ 029
 第七节　粗集料压碎值试验 ···································· 031
 第八节　细集料筛分试验 ······································ 032
 第九节　细集料表观密度试验（容量瓶法） ·················· 035
 第十节　细集料含泥量试验（筛洗法） ······················ 036
 思政小记 ·· 037

第三章　路基土试验 ··· 039
 第一节　含水率试验 ·· 039
 第二节　界限含水率试验 ······································ 041
 第三节　颗粒分析试验 ·· 045
 第四节　土的标准击实试验 ···································· 047
 第五节　承载比（CBR）试验 ·································· 051
 第六节　平板荷载试验 ·· 057
 第七节　直接剪切试验 ·· 060
 第八节　固结试验 ·· 062

  第九节 三轴剪切试验 ··· 064
  思政小记 ·· 067

第四章 基层与底基层试验 ·· 068
  第一节 无机结合料稳定材料取样方法 ··· 068
  第二节 水泥或石灰稳定材料中水泥或石灰剂量测定方法（EDTA滴定法）··· 069
  第三节 无机结合料稳定土的击实试验 ··· 073
  第四节 无机结合料稳定土无侧限抗压强度试验 ································ 078
  第五节 无机结合料稳定材料间接抗拉强度试验（劈裂试验） ············· 081
  思政小记 ·· 083

第五章 水泥与水泥混凝土试验 ·· 084
  第一节 水泥细度试验（负压筛析法） ··· 086
  第二节 水泥标准稠度用水量确定 ·· 086
  第三节 水泥凝结时间测定 ··· 088
  第四节 水泥安定性试验 ·· 089
  第五节 水泥强度试验 ··· 090
  第六节 混凝土坍落度试验 ··· 093
  第七节 混凝土拌合物体积密度测定 ··· 094
  第八节 水泥混凝土试件的制作与养护 ··· 095
  第九节 水泥混凝土抗压强度试验 ·· 096
  第十节 水泥混凝土抗弯拉强度试验 ··· 097
  第十一节 水泥混凝土轴心抗压强度试验 ··· 099
  第十二节 水泥混凝土劈裂抗拉强度试验（立方体试件） ····················· 100
  第十三节 水泥混凝土抗压弹性模量试验（棱柱体试件） ····················· 101
  思政小记 ·· 103

第六章 沥青与沥青混合料试验 ·· 104
  第一节 针入度试验 ··· 105
  第二节 沥青软化点试验（环球法） ··· 107
  第三节 沥青延度试验 ··· 109
  第四节 沥青黏附性试验 ·· 112
  第五节 沥青混合料取样 ·· 114
  第六节 沥青混合料试件制作方法（击实法） ····································· 116
  第七节 压实沥青混合料密度试验方法（表干法） ······························ 119

- 第八节　压实沥青混合料密度测定(水中重法) ……………………………………… 121
- 第九节　沥青混合料最大理论密度测定(真空法) ………………………………… 122
- 第十节　沥青混合料马歇尔稳定度试验方法 ……………………………………… 124
- 第十一节　沥青混合料车辙试验 …………………………………………………… 127
- 思政小记 ……………………………………………………………………………… 129

第七章　路基路面现场测试方法 …………………………………………………… 130
- 第一节　路基路面现场测试选点方法 ……………………………………………… 131
- 第二节　挖坑灌砂法测定压实度 …………………………………………………… 135
- 第三节　环刀测试压实度试验 ……………………………………………………… 140
- 第四节　回弹弯沉测试——贝克曼梁法 …………………………………………… 141
- 第五节　锤式弯沉仪(FWD)测路面弯沉 ………………………………………… 145
- 第六节　路面平整度测试——3 m 直尺法 ………………………………………… 148
- 第七节　路面构造深度测试——手动铺砂法和电动铺砂法 ……………………… 149
- 第八节　摆式仪测定路面摩擦系数方法 …………………………………………… 153
- 第九节　沥青路面渗水系数试验 …………………………………………………… 155
- 思政小记 ……………………………………………………………………………… 157

参考文献 ……………………………………………………………………………… 158
- 学生试验报告 ………………………………………………………………………… 159

第一章 试验数据处理

第一节 抽样检验

一、抽样的基本概念

被检测材料的总体又称为母体,是统计分析中所需研究对象的全体。组成总体的每个单元称为个体。从总体中抽取一部分个体就是样本,组成样本的每个个体即为样品(试样)。样本容量是样本中所含样品的数量,样本容量的大小直接关系结果的可靠性和经济性。当样本容量与总体所含个体数量相等时,称为全数检验。

路基路面质量检验,主要是通过抽取总体中的一小部分个体加以检测,以分析和了解路基路面总体质量状况,这就是通常所说的抽样检验。路基路面的总体质量,通过对随机抽取的样本进行检测得到试验数据,经分析处理后得到样本信息,根据样本信息来反映。

二、抽样方法简介

试样是被测路基路面的代表,抽样是路基路面试验的首要环节,抽取的样品和点位应具有代表性,从而确保试验结果能反映路基路面的实际质量。我国现行标准和试验规程中,对路基路面试验取样方法、取样频率、取样数量均有明确规定。从检验批中抽取样本的方法通常有以下几类。

1. 简单随机抽样

简单随机抽样是指从总体 N 个单位中任意抽取 n 个单位作为样本,使每个可能的样本被抽中的概率相等的一种抽样方式。简单随机抽样的特点是:每个样本单位被抽中的概率相等,样本的每个单位完全独立,彼此间无一定的关联性和排斥性。简单随机抽样的具体做法有直接抽选法、抽签法、随机数表法等。

2. 分层随机抽样

分层抽样亦称分类抽样或类型抽样,适用于总体量大、差异程度较大的情况。先将总体单位按其差异程度或某一特征分类、分层,然后在各类或每层中再随机抽取样本单位。分层抽样实际上是科学分组或分类与随机原则的结合。根据各类型单位数与总体单位数的比例,分层抽样有等比抽样和不等比抽样之分。

3. 系统随机抽样

如果一个批的个体可按一定顺序排列,并可将其分为数量相当的 n 个部分,此时按简单随机抽样方法确定的相同位置，从每个部分各抽取一个单位个体构成一个样本，这种抽样方试验称为系统随机抽样。它的代表性在一般情况下比简单随机抽样要好些；但在个体质量波动周期与抽样间隔正好相当时，抽到的样本单位可能都是质量好的或者都是质量差的，则此时代表性较差。

4. 分段随机抽样

如果先将一定数量单位个体包装在一起，再将若干个包装单位（例如若干箱）组成批时，为了便于抽样，此时可采用分段随机抽样的方法。第一段抽样以箱作为基本单元，先随机抽出 k 箱；第二段再从抽到的 k 箱中分别抽取 m 个个体，集中在一起构成一个样本，k 与 m 的大小必须满足 $km=n$。分段随机抽样的代表性和随机性都比简单随机抽样差些。

5. 整群随机抽样

整群随机抽样即按照某一标准将总体单位分成"群"或"组"，从中抽选"群"或"组"，然后把被抽出的"群"或"组"所包含的个体合在一起作为样本，被抽出的"群"或"组"的所有单位都是样本单位，最后利用所抽"群"或"组"的调查结果推断总体。抽取"群"或"组"可以采用随机方式或分类方式，也可以采用等距方式来确定，而"群"或"组"内的调查则采用普查的方式进行。整群随机抽样又可分为一段抽样和分段抽样两种类型。

在对总体质量状况一无所知的情况下，不能以主观的限制条件去提高抽样的代表性，抽样应当是完全随机的，这时采用简单随机抽样最为合理。在对总体质量构成有所了解的情况下，可以采用分层随机抽样或系统随机抽样来提高抽样的代表性。在采用简单随机抽样有困难的情况下，可以采用代表性和随机性较差的分段随机抽样或整群随机抽样。这些抽样方法除简单随机抽样外，都是带有主观限制条件的随机抽样法。通常只要不是有意识地抽取质量好或坏的个体，尽量从批的各部分抽样，都可以近似地认为是随机抽样。路基路面工程质量检验就采用了随机抽样的方法。

第二节 试验数据的处理与分析

一、误差的分类及表示方法

试验结果通常是以数据的形式表达，为了保证最终结果的准确性，应该对原始数据的可靠性进行客观评定，也就是需对试验数据进行误差分析。

在试验过程中，仪器精度的限制、方法的不完善、科研人员认识能力的不足和科学水平的限制等，使得测量结果同被测对象的客观实际存有一定的差异，即测量结果与真值之间存在差异，称为误差。误差是客观存在的，因此需对误差进行全面系统的研究，查出产生误差的原因，尽量减小误差，以提高分析结果的准确程度。

（一）误差的分类

误差根据其性质、特点和产生的原因，可分为三类。

1. 系统误差

在同一测定条件下，反复测定某一量值时，大小和符号保持不变或按规律变化的误差，称作系统误差。例如对仪器的校准，对环境进行控制，对结果进行修正等。

2. 随机误差

在同一测定条件下，对同一量值反复测定多次后，测定的结果仍不一致，存在微小差异。具体表现为：时大时小或时正时负，没有固定大小和偏向，毫无规律性可言，但从全部数据来看却又服从统计规律。像此类误差就称作随机误差（或偶然误差）。但其产原因一般是未知的，因而也就无法消除它的影响。

3. 过失误差

这种误差的产生是由于测试人员的失误所引起的，如试验中粗心大意、精神不集中、操作方式不正确、计算错误等。只要认真操作，过失误差是可以避免的。

（二）误差的表示方法

误差有两种表示方法，即绝对误差和相对误差。

1. 绝对误差

绝对误差是指测定值与真实值之差。

$$绝对误差=测定值-真实值$$

真实值是指在某一时刻和某一状态下，某量的客观值或实际值。大多数情况下，真实值是无法得到的，所以一般是用一种更精密的量具或仪器进行测量，所得测值称为实际值，它与真实值之差可忽略不计，所以在计算误差时，就用实际值来代替真实值。

$$绝对误差=测定值-实际值$$

但从相对的意义上来说，真实值又是已知的。例如：平面三角形三内角之和恒为180°；同一非零值自身之差为零，自身之比为1；国家标准样品的标称值；国际上公认的计量值，如碳12的原子量为12等。

2. 相对误差

相对误差是绝对误差与真实值（实际值）的百分比：

$$相对误差 = \frac{相对误差}{真实值} \times 100\% = \frac{绝对误差}{实际值} \times 100\%$$

例 1-1 若有甲、乙两物体，甲物体称得质量为 1.638 0 g，其真实质量为 1.638 31 g，乙物体称得质量为 0.163 7 g，其真实质量为 0.163 8 g，则

甲物体：

$$绝对误差=1.638\ 0-1.638\ 1=-0.000\ 1\ (g)$$

$$相对误差 = \frac{-0.000\ 1}{1.638\ 1} \times 100\% = -0.006\%$$

乙物体：

$$绝对误差 = 0.163\,7 - 0.163\,8 = -0.000\,1\,(\text{g})$$

$$相对误差 = \frac{-0.000\,1}{0.163\,8} \times 100\% = -0.06\%$$

从误差的计算可看出，对于相同的被测量，绝对误差可评定不同测量方法的测量精度高低；但当绝对误差相同时，被测量的量越大，测量的精度越高。

二、常用的统计计算与分析

按照我国路基路面工程有关施工技术规范和质量检验评定标准规定，需要对每个检测或评定路段内的测定值计算平均值、标准差、变异系数等统计量；按照数理统计原理计算检测或评定路段内的测定值的代表值，用代表值评价总体质量。

一个检测或评定路段内某项检测指标的测定值有 N 个，分别为 $X_1, X_2, \cdots, X_N$，其中任一个测定值表示为 X_i，可按下列方法计算其统计量。

1. 算术平均值 $\bar{X}$

算术平均值是表示一组数据集中位置最有用的统计特征量，经常用样本的算术平均值来代表总体的平均水平。算术平均值：

$$\bar{X} = \frac{\sum X_i}{N} \tag{1-1}$$

2. 标准差 S

标准差是衡量样本数据离散程度的指标。标准差：

$$S = \sqrt{\frac{\sum (X_i - \bar{X})^2}{N-1}} \tag{1-2}$$

3. 变异系数 C_v

变异系数反映样本数据的波动的大小。变异系数是标准差 S 与算术平均值 $\bar{X}$ 的比值，即：

$$C_v = \frac{S}{\bar{X}} \times 100\% \tag{1-3}$$

4. 中位数 $\tilde{X}$

将 $X_1, X_2, \cdots, X_N$，按其大小次序排序，以排在正中间的一个数表示总体的平均水平，称之为中位数，或称中值。N 为奇数时，正中间的数只有一个；N 为偶数时，正中间的数有两个，取这两个数的平均值作为中位数。

5. 极差 R

极差 R 表示数据波动范围的大小，是 $X_1, X_2, \cdots, X_N$ 数据中的最大值 $X_{\max}$ 与 $X_{\min}$ 之差。

三、有效数字与数值修约规则

（一）有效数字

1. 有效数字的概念

0、1、2、3、4、5、6、7、8、9 这十个数码称为数字。单一数字或多个数字组合起来就构成数值。在一个数值中每一个数字所占的位置称为位数。

测量结果的记录、运算，必须注意有效数字。

所谓有效数字就是只保留末一位不准确数字，其余数字为准确数字的这种数字。例如，读取量筒上的刻度 23.44 L，这四位数字中前三位是准确的，第四位因为没有刻度，是估计出来的，是不准确的，称为可疑值，但它又不是臆造的，所以记录时应保留它，所记录的这四位数字都是有效数字。

有效数字反映了测量结果的精密度。例如，34.5、34.50、34.500 这三个数在数学上看作同一数值，但用于表示测量值，则三个数值是不相同的，因为它们的精密度不同。

若数据 34.5 的绝对误差是 ±0.1（单位姑且不论），其相对误差为 $\frac{\pm 0.1}{34.50} \times 100\% = \pm 0.29\%$；若数据 34.50 的绝对误差是 ±0.01，其相对误差为 $\frac{\pm 0.01}{34.50} \times 100\% = \pm 0.029\%$；若数据 34.500 的绝对误差是 ±0.001，其相对误差为 $\frac{\pm 0.001}{34.500} \times 100\% = \pm 0.002\,9\%$。

由此可见，记录测试数据时不可随意增加或减少数据的位数。

2. 有效数字位数的确定方法

(1) 自然数 1~9 都是有效数字。

(2) "0" 在数字中所处的位置不同，可以是有效数字，也可以不是有效数字。

① "0" 在数字前，仅起定位作用，不是有效数字。如 0.057 2 m，"5"前两个 "0"，均不是有效数字，它们只与所取的单位有关，而与测量的精密度无关。若单位改为 mm，则该数值为 57.2 mm，有效数字只有三位。

② "0" 在数字中间，是有效数字。如 2.005 中间的两个 "0"、301 中间的一个 "0" 都是有效的数字，所以 2.005 有四位有效数字，而 301 有三位有效数字。

③ "0" 在小数数字后，是有效数字。如 0.400 0 中，"4" 后面的三个 "0" 均为有效数字，所以该数值的有效数字有四位。

④ "0" 在正整数后，可能是有效数字，也可能不是有效数字，应根据测试结果的精密度确定。如 1 200，有效数字位数不确定，可能是二位、三位或者四位。遇到这种情况，应根据实际测试结果的精密度确定有效数字的位数。把 "0" 用 10 的乘方表示，有效数字用小数表示。

1 200 若写成 1.2×10^3，表示此数有二位有效数字；若写成 1.20×10^3，表示此数有三位有效数字；若写成 1.200×10^3，表示此数有四位有效数字。

(3) 在测量或计量中应取多少位有效数字，可根据下述准则判定：

①对不需要标明误差的数据，其有效位数应取到最末一位数字为可疑数字（也称为不确切或参考数字）。

②对需要标明误差的数据，其有效位数应取到与误差同一数量级。

3. 有效数字的运算

试验结果常常是多个试验数据通过一定的运算得到的，其有效数字位数的确定可以通过有效数字运算来确定。

(1) 加、减运算。在加、减运算中，加、减结果的位数应与其中小数点后位数最少的相同。

(2) 乘、除运算。在乘、除计算中，乘积和商的有效数字位数应以各乘、除数中有效数字位数最少的为准。

(3) 乘方、开方运算。乘方、开方后的结果的有效数字位数应与其底数的相同。

(4) 对数运算。对数的有效数字位数与其真数的相同。

(5) 在 4 个以上数的平均值计算中，平均值的有效数字位数可增加一位。

(6) 所有取自手册上的数据，其有效数字位数按实际需要取，但原始数据如有限制，则应跟从原始数据。

(7) 一些常数的有效数字的位数可以认为是无限制的，如圆周率 π、重力加速度 g、$\sqrt{2}$、$\frac{1}{3}$ 等，可根据需要取有效数字。

(8) 一般在工程计算中，取 2~3 位有效数字就足够精确了，只有在少数情况下，需要取到 4 位有效数字。

从有效数字的运算可以看出，每一个中间数据对试验结果精度的影响程度是不一样的，其中精度低的数据影响相对较大。所以在试验过程中，应尽可能采用精度一致的仪器或仪表，一两个高精度的仪器或仪表无助于整个结果精度的提高。

(二) 数值修约规则

数值修约是一种数据处理方式，实际测量或计算后得到各种数据，对在确定的精确范围 (有效数字的位数) 以外的数字，应加以取舍，进行修约。

1. 修约间隔

修约间隔是确定修约保留位数的一种方式。修约间隔的数值一经确定，修约值即应为该数值的整数倍。若指定修约数间隔为 0.1，修约值即应在 0.1 的整数倍中选取；若指定修约数间隔为 100，修约值即应在 100 的整数倍中选取。

2. 进舍规则

最常用的基本修约规则是"四舍五入"，但是这种方法容易使所得数据产生较大且无法消除的系统偏差，这时可以使用以下数值修约规则：

(1) 在拟舍弃的数字中，若左边第一个数字小于 5 (不包括 5)，则舍弃。

例如，将 13.245 2 修约到只保留一位小数，得 13.2。

例如，将 3.141 516 修约成五位有效位数，得 3.141 5。

(2) 在拟舍弃的数字中，若左边第一个数字大于 5 (不包括 5)，则进一。

例如，将 1 268 修约到"百"数位，得 13×10^2。

例如，将 26.484 2 修约到只保留一位小数，得 26.5。

(3) 在拟舍弃的数字中，若左边第一个数字等于 5：

①若 5 右边有并非全部为 0 的数字，则进一。

②若 5 右边无数字或皆为 0 时，所拟保留的末位数字为奇数，则进一；为偶数（包括"0"），则舍弃。

③例如，将 4.225 1 修约为三位有效位数，得 4.23。

例如，将 0.350 0 修约为只保留一位小数，得 0.4。

例如，将 0.450 0 修约为只保留一位小数，得 0.4。

以上规则可概括为如下口诀："四舍六入遇五要考虑，五后非零则进一，五后皆零视奇偶，五前为偶舍去，五前为奇则进一"，简称"四舍六入五成双"。

3. 不允许连续修约

拟修约数字应在确定修约位数后一次修约获得结果，而不得连续修约。

例如，将 15.454 6 修约成整数，不应按 15.454 6→15.455→15.46→15.5→16 的做法修约。

正确的修约是 15.454 6→15。

4. 负数修约

先将负数的绝对值按上述规则进行修约，然后在修约值前面加上负号。

5. 0.5 单元修约与 0.2 单元修约

(1) 0.5 单元修约

将拟修约数值乘以 2，按指定数位依照修约规则进行修约，所得数值再除以 2。

例如：将下列数值修约到个位数的 0.5 单元（或修约间隔为 0.5）。

拟修约数值 (k)	乘 2 $2k$	$2k$ 修约值 （修约间隔为 1）	k 修约值 （修约间隔为 0.5）
60.38	120.76	121	60.5
60.25	120.50	120	60.0

(2) 0.2 单元修约

将拟修约数值乘以 5，按指定数位依照修约规则进行修约，所得数值再除以 5。

例如：将下列数值修约到"百"位数的 0.2 单元（或修约间隔为 20）。

拟修约数值 (k)	乘 5 $5k$	$5k$ 修约值 （修约间隔为 100）	k 修约值 （修约间隔为 20）
842	4 210	4 200	840
830	4 150	4 200	840

四、可疑数据的剔除

在一组条件完全相同的重复试验中，个别的测量值可能会出现异常，如测量值过大或过小。这些过大或过小的测量数据是不正常的，或称为可疑的。对于这些可疑数据应该用数理统计的方法判别其真伪，并决定取舍。

数据的舍弃可按照 k 倍标准差作为舍弃标准，即在数据分析中，舍弃那些在 $\bar{X}\pm kS$ 范围以外的实测值。当试验数据 N 为 3、4、5、6 个时，k 值分别为 1.15，1.46，1.67，1.82；N 等于或大于 7 时，k 值采用 3。

取 $3S$ 的理由是：根据随机变量的正态分布规律，在多次试验中，测量值落在 $\bar{X}-3S$ 与 $\bar{X}+3S$ 之间的概率为 99.73%，出现在此范围之外的概率仅为 0.27%。

舍弃可疑值后，应重新计算平均值、标准差、变异系数等统计量，并分析测量值出现异常的原因，对路基路面质量检测出现异常测量值的测点及区域进行妥善处理。

五、代表值

代表值的确定与测定值的概率分布有关。实践表明，公路路基路面工程试验检测项目的测定值的大小所出现的频率分布，大多服从正态分布或 t 分布。

在公路工程质量检验与评价中，对有些指标限定下限，例如压实度、路面结构层厚度、半刚性基层和底基层材料强度；对有的指标限定上限，例如弯沉值。某个质量指标只规定了低限 L 时，其代表值取平均值的单边置信下限，应满足 $X \geq L$ 的要求。某个质量指标只规定了高限 U 时，其代表值取平均值的单边置信上限，应满足 $X \leq U$ 的要求。

一般来说，对于测点数 N 大于 30 时，按正态分布计算试验检测数据的代表值，测点数 N 较少时，则按 t 分布计算代表值。

1. 服从正态分布数据的代表值

公路路基路面工程质量检验评定方法中，对于服从正态分布的检测数据，计算代表值时考虑保证率 a，用 Z_a 表示保证率系数。

当限定上限时，代表值 X 的评定标准为：

$$X = \bar{X} + Z_a S \leq U \tag{1-4}$$

当限定下限时，代表值 X 的评定标准为：

$$X = \bar{X} - Z_a S \geq L \tag{1-5}$$

当保证率为 90% 时，则 $Z_a=1.282$；当保证率为 93% 时，则 $Z_a=1.5$；当保证率为 95% 时，则 $Z_a=1.645$；当保证率为 97.72% 时，则 $Z_a=2.0$；当保证率为 99.87% 时，则 $Z_a=3.0$。

2. 服从 t 分布数据的代表值

对于服从 t 分布的检测数据，计算代表值时考虑保证率 a。

当限定上限时，代表值 X 的评定标准为：

$$X = \bar{X} + t_a \frac{S}{\sqrt{N}} \leq U \tag{1-6}$$

当限定下限时，代表值 X 的评定标准为：

$$X = \bar{X} - t_a \frac{S}{\sqrt{N}} \geq L \tag{1-7}$$

式中 t_a 的数值不仅与保证率 a 有关，还随测点数 N 的不同而变化，因其计算复杂，有专用表格可查用。

第三节　数理统计方法评定路基路面试验项目

《公路工程质量检验评定标准》(JTG F80/1—2017)规定了压实度、水泥混凝土弯拉强度、水泥混凝土抗压强度、无机结合料稳定材料强度、路面结构层厚度、弯沉值、路面横向力系数等检查项目的评定方法。

1. 压实度评定

路基和路面基层、底基层的压实度以重型击实标准为准。沥青层压实度以现行《公路沥青路面施工技术规范》(JTC F40)的规定为准。对于特殊干旱、潮湿地区或过湿土，可以现行《公路路基设计规范》(JTG D30)、《公路路基施工技术规范》(JTG F10)规定的压实度标准进行评定。

标准密度应做平行试验，求其平均值作为现场检验的标准值。对于均匀性差的路基土质和路面结构层材料，应根据实际情况增补标准密度试验，求得相应的标准值。

路基、路面压实度以 1~3 km 长的路段为检验评定单元，按要求的检测频率进行现场压实度抽样检查，求算每一测点的压实度 K_i。细粒土现场压实度检查可以采用灌砂法或环刀法；粗粒土及路面结构层压实度检查可以采用灌砂法、水袋法或钻孔取样蜡封法。应用核子密度时，须经对比试验检验，确认其可靠性。检验评定段的压实度代表值 K（算术平均值的下置信界限）由式(1-8)计算。

$$K = \bar{K} - \frac{t_a}{\sqrt{n}} S \geq K_0 \tag{1-8}$$

式中　$\bar{K}$——检验评定段内各测点压实度的平均值；

　　　t_a——t 分布表中随测点数和保证率（或置信度 a）而变的系数，t_a 见表 1-1，采用的保证率：

　　　　　　高速公路、一级公路：基层、底基层为 99%，路基、路面面层为 95%

　　　　　　其他公路：基层、底基层为 95%，路基、路面面层为 90%

　　　S——检测值的标准差；

　　　n——检测点数；

　　　K_0——压实度标准值。

路基、基层和底基层：$K \geq K_0$，且单点压实度 K_i 全部大于或等于规定值减 2 个百分点时，评定路段的压实度合格率为 100%；当 $K \geq K_0$，且单点压实度 K_i 全部大于或等于规定极值时，按测定值不低于规定值减 2 个百分点的测点数计算合格率。

当 $K < K_0$ 或某一单点压实度 K_i 小于规定极值时，该评定路段压实度为不合格，相应分项工程评为不合格。

路堤施工段落短时，分层压实度应全部符合要求，且样本数不少于 6 个。

沥青面层：当 $K \geq K_0$ 且全部测点大于或等于规定值减 1 个百分点时，评定路段的压实度合格率为 100%；按测定值不低于规定值减 1 个百分点的测点数计算合格率。

当 $K < K_0$ 时，评定路段的压实度为不合格，相应分项工程评为不合格。

表 1-1　$t_a\sqrt{n}$ 值

n	保证率			n	保证率		
	99%	95%	90%		99%	95%	90%
2	22.501	4.465	2.176	21	0.552	0.376	0.289
3	4.021	1.686	1.089	22	0.537	0.367	0.282
4	2.270	1.177	0.819	23	0.523	0.358	0.275
5	1.676	0.953	0.686	24	0.510	0.350	0.269
6	1.374	0.823	0.603	25	0.498	0.342	0.264
7	1.188	0.734	0.544	26	0.487	0.335	0.258
8	1.060	0.670	0.500	27	0.477	0.328	0.253
9	0.966	0.620	0.466	28	0.467	0.322	0.248
10	0.892	0.580	0.437	29	0.458	0.316	0.244
11	0.833	0.546	0.414	30	0.449	0.310	0.239
12	0.785	0.518	0.393	40	0.383	0.266	0.206
13	0.744	0.494	0.376	50	0.340	0.237	0.184
14	0.708	0.473	0.361	60	0.308	0.216	0.167
15	0.678	0.455	0.347	70	0.285	0.199	0.155
16	0.651	0.438	0.335	80	0.266	0.186	0.145
17	0.626	0.423	0.324	90	0.249	0.175	0.136
18	0.605	0.410	0.314	100	0.236	0.166	0.129
19	0.586	0.398	0.305	>100	$\dfrac{2.3265}{\sqrt{n}}$	$\dfrac{1.6449}{\sqrt{n}}$	$\dfrac{1.2815}{\sqrt{n}}$
20	0.568	0.387	0.297				

2. 水泥混凝土弯拉强度评定

水泥混凝土弯拉强度试验方法应使用标准小梁法或钻芯劈裂法，试件使用标准方法制作，标准养生时间 28 d、路面钻芯劈裂时间宜控制在 28～56 d 以内，不掺粉煤灰宜用 28 d，掺粉煤灰宜用 28～56 d。

高速公路和一级公路每工作班制作 2～4 组：日进度<500 m 取 2 组，≥500 m 取 3 组，≥1 000 m 取 4 组。其他公路每工作班制作 1～3 组：日进度<500 m 取 1 组，≥500 m 取 2 组，≥100 m 取 3 组。每组 3 个试件的平均值作为一个统计数据。

混凝土弯拉强度的合格标准：

(1)试件组数大于 10 组时，平均弯拉强度合格判断式为：

$$f_{cs} \geqslant f_r + K\sigma \tag{1-9}$$

$$\sigma = C_v \bar{f_c} \tag{1-10}$$

式中　f_{cs}——合格判定平均弯拉强度(MPa)；

　　　f_r——设计弯拉强度标准值(MPa)；

　　　K——合格判定系数，见表 1-2；

σ——弯拉强度统计均方差;

C_v——实测弯拉强度统计变异系数;

$\overline{f_c}$——实测弯拉强度统计平均值(MPa)。

表 1-2　合格判定系数 K

试验组数 n	11～14	15～19	≥20
K	0.75	0.70	0.65

当试件组数为 11～19 组时,允许有一组最小弯拉强度小于 $0.85f_r$,但不得小于 $0.80f_r$。当试件组数大于或等于 20 组时,高速公路和一级公路均不得小于 $0.85f_r$,其他公路允许有一组最小弯拉强度小于 $0.85f_r$,但不得小于 $0.80f_r$。

(2)试件组数小于或等于 10 组时,试件平均强度不得小于 $1.15f_r$,任一组强度均不得小于 $0.85f_r$。

(3)实测弯拉强度统计变异系数 C_v 值应符合设计要求。根据《公路水泥混凝土路面施工技术细则》(JTG/T F30—2014)规定:高速公路、一级公路,$0.05 \leq C_v \leq 0.10$;二级公路,$0.10 \leq C_v \leq 0.15$;三、四级公路,$0.15 \leq C_v \leq 0.20$。

当标准小梁合格判定平均弯拉强度 f_{cs}、最小弯拉强度 f_{min} 和统计变异系数 C_v 值中有一个不符合上述要求时,应在不合格路段每车道每 1 km 钻取 3 个以上 $\phi 150$ mm 的芯样,实测劈裂强度,通过各自工程的经验统计公式换算弯拉强度,其合格判定平均弯拉强度 f_{cs} 和最小值 f_{min} 必须合格,否则,应返工重铺。

评定路段内水泥混凝土弯拉强度为不合格时,相应分项工程评为不合格。

3. 水泥混凝土抗压强度评定

评定水泥混凝土的抗压强度,应以标准养生 28 d 龄期的试件、在标准试验条件下测得的极限强度为准,试件应为边长 150 mm 的立方体,大体积混凝土养生龄期设计另有要求的应从其要求。每组试件 3 个。

(1)制取组数的要求

①不同强度等级及不同配合比的混凝土应在浇筑地点随机取样,分别制取试件。

②浇筑一般体积的结构物(如基础、墩台等)时,每一单元结构物应制取 2 组。

③连续浇筑大体积结构时,每 80～200 m³ 或每一工作班应制取 2 组。

④上部结构的主要构件长 16 m 以下应制取 1 组,16～30 m 制取 2 组,31～50 m 制取 3 组,50 m 以上者不少于 5 组。小型构件每批或每工作班至少应制取 2 组。

⑤每根钻孔桩至少应制取 2 组;桩长 20 m 以上者不少于 3 组;桩径大、浇筑时间很长时,不少于 4 组。如换工作班时,每工作班应制取 2 组。

⑥小桥涵、挡土墙、声屏障等构筑物每座、每处或每工作班应制取不少于 2 组。当原材和配合比相同并由同一拌和站拌制时,可几座或几处合并制取 2 组。

⑦应根据施工需要,另制取几组与结构物同条件养生的试件,作为拆模、吊装、张拉预应力、承受荷载等施工阶段的强度依据。

(2)水泥混凝土抗压强度的合格评定标准

①同批试件组数等于或大于 10 组时,应以数理统计方法评定,并满足下述条件:

$$m_{fcu} \geq f_{cu,k} + \lambda_1 S_n \tag{1-11}$$

$$f_{cu,min} \geq \lambda_2 f_{cu,k} \tag{1-12}$$

式中　n——同批混凝土试件组数;

　　　m_{fcu}——同批 n 组试件强度的平均值(MPa),精确到 0.1 MPa;

　　　S_n——同批 n 组试件强度的标准差(MPa),精确到 0.01 MPa,当 S_n <2.5 MPa 时,取 S_n =2.5 MPa;

　　　$f_{cu,k}$——混凝土设计强度等级(MPa);

　　　$f_{cu,min}$——n 组试件中强度最低一组的值(MPa),精确到 0.1 MPa;

　　　λ_1,λ_2——合格判定系数,见表 1-3。

表 1-3　λ_1、λ_2 的值

n	10～14	15～19	≥20
λ_1	1.15	1.05	0.95
λ_2	0.90	0.85	

②同批试件组数小于 10 组时,可用非数理统计方法评定,并满足下述条件:

$$m_{fcu} \geq \lambda_3 f_{cu,k} \tag{1-13}$$

$$f_{cu,min} \geq \lambda_4 f_{cu,k} \tag{1-14}$$

式中　λ_3,λ_4——合格判定系数,见表 1-4。

表 1-4　λ_3、λ_4 的值

混凝土强度等级	<C60	≥C60
λ_3	1.15	1.10
λ_4	0.95	

检查项目中,水泥混凝土抗压强度评为不合格时,相应分项工程应为不合格。

4. 无机结合料稳定材料强度评定

无机结合料稳定材料强度,应以规定温度下保湿养生 6 d、浸水 1 d 后的 7 d 无侧限抗压强度为准。

应在现场按规定频率取样,按工地预定达到的压实度制备试件。每 2 000 m² 或每工作班制备 1 组试件。不论稳定细粒土、中粒土或粗粒土,当偏差系数 C_V <10%时,可为 6 个试件;C_V =10%～15%时,可为 9 个试件;C_V >15%时,应为 13 个试件。

试件的平均值:

$$\bar{R} \geq \frac{R_d}{1 - Z_a C_V} \tag{1-15}$$

式中 R_d——设计抗压强度(MPa);

C_V——试验结果的偏差系数(以小数计);

Z_a——标准正态分布表中随保证率而变的系数:高速公路、一级公路,保证率为 95%, Z_a=1.645;其他公路,保证率为 90%, Z_a=1.282。评定路段内无机结合料稳定材料强度评为不合格时,相应分项工程为不合格。

5. 路面结构层厚度评定

评定路段内路面结构层厚度按代表值和单个合格值的允许偏差进行。

按规定频率,采用挖验或钻取芯样测定厚度。

厚度代表值为厚度的算术平均值的下置信界限值,按式(1-16)计算。

$$X_L = \bar{X} - \frac{t_a}{\sqrt{n}} S \tag{1-16}$$

式中 X_L——厚度代表值(算术平均值的下置信界限);

$\bar{X}$——厚度平均值;

S——标准差;

n——检测数量;

t_a——t 分布表中随测点数和保证率(或置信度 α)而变的系数,可查表1-1。

采用的保证率:

高速公路、一级公路:基层、底基层为 99%,路基、路面面层为 95%;

其他公路:基层、底基层为 95%,路基、路面面层为 90%。

当厚度代表值大于或等于设计厚度减去代表值允许偏差时,则按单个检查值的偏差不超单点合格值来计算合格率;当厚度代表值小于设计厚度减去代表值允许偏差时,该评定路段不合格,相应分项工程应评为不合格。

代表值和单点合格值的允许偏差见各类路面结构层的实测项目表。

沥青面层一般按沥青铺筑层总厚度进行评定,高速公路和一级公路分 2~3 层铺筑时,还应进行上面层厚度检查和评定。

6. 路基路面弯沉值评定

弯沉值采用落锤式弯沉仪(FWD)、自动弯沉仪或贝克曼梁测量。每一双车道评定路段(不超过 1 km)测量检查点数:落锤式弯沉仪(FWD)为 40,自动弯沉仪或贝克曼梁为 80。多车道公路应按车道数与双车道之比,相应增加测点。

(1)路基、沥青路面弯沉代表值

路基、沥青路面弯沉代表值为弯沉测量值的上波动界限,按式(1-17)计算。

$$l_r = (\bar{l} + \beta \cdot S) K_1 K_3 \tag{1-17}$$

式中 l_r——弯沉代表值(0.01 mm);

$\bar{l}$——实测弯沉的平均值;

β——目标可靠指标,见表1-5;

S——标准差;

K_1——湿度影响系数,根据当地经验确定;

K_3——温度影响系数,路基顶面弯沉测定时取1,路表弯沉值测定时根据式(1-18)确定:

$$K_3 = e^{\left[9\times10^{-6}(\ln E_0 - 1)H_a + 4\times10^{-3}\right](20-T)} \tag{1-18}$$

其中 T——弯沉测定时沥青结合料类材料层中点实测或预估温度(℃);

H_a——沥青结合料类材料层厚度(mm);

E_0——平衡湿度状态下路基顶面回弹模量(MPa)。

表1-5 目标可靠指标 β 值

公路等级	高速公路	一级公路	二级公路	三级公路	四级公路
目标可靠度/%	95	90	85	80	70
目标可靠指标 β	1.65	1.28	1.04	0.84	0.52

(2)粒料类基层和底基层顶面弯沉代表值

粒料类基层和底基层顶面弯沉代表值按式(1-19)计算:

$$l_r = \bar{l} + Z_a S \tag{1-19}$$

式中 l_r——弯沉代表值(0.01 mm);

$\bar{l}$——实测弯沉的平均值;

Z_a——与要求保证率有关的系数,高速公路和一级公路取 $Z_a=2.0$,二级公路取 $Z_a=1.645$,二级以下公路取 $Z_a=1.5$;

S——标准差(0.01 mm)。

二级及以下等级公路,当路基和粒料类基层、底基层的弯沉代表值不符合要求时,可将超出 $1+(2\sim3)S$ 的弯沉特异值舍弃,对舍弃的弯沉值大于 $1\pm(2\sim3)S$ 的点,应找出其周围界限,进行局部处理,并对弯沉进行复测后重新计算平均值和标准差。高速公路、一级公路不得舍弃特异值。弯沉代表值大于设计验收弯沉值时,相应分项工程应为不合格。

7. 路面横向力系数评定

评定路段内的路面横向力系数按SFC的设计或验收标准值进行。

SFC代表值为SFC算数平均值的下置信界限值,按式(1-20)计算。

$$\text{SFC}_r = \overline{\text{SFC}} - \frac{t_a}{\sqrt{n}} S \tag{1-20}$$

式中 SFC_r——SFC的代表值;

$\overline{\text{SFC}}$——平均值;

S——标准差;

n——采集数据样本数量;

t_a——t 分布表中随测点数和保证率(或置信度 α)而变的系数,可查表1-1。

采用的保证率:高速公路、一级公路为95%;其他公路为90%。

思政小记

国家质检总局第 163 号令《检验检测机构资质认定管理办法》有如下规定。

第 23 条规定：检验检测机构及其人员应当独立于其出具的检验检测数据、结果所涉及的利益相关各方，不受任何可能干扰其技术判断因素的影响，确保检验检测数据、结果的真实、客观、准确。

第 25 条规定：检验检测机构对其出具的检验检测数据、结果负责，并承担相应法律责任。

第 30 条规定：检验检测机构应当对检验检测原始记录和报告归档留存，保证其具有可追溯性。原始记录和报告的保存期不少于 6 年。

第二章 砂石材料试验

砂石材料是石料和集料的统称,是道路工程用量最大的一类材料。石料可以直接用于结构砌筑或者道路铺面,而集料可以直接用于道路路面基层或者垫层,还可以用于配制水泥混凝土和沥青混合料。

依据粒径的大小将集料分成粗细集料两种类型。不同用途粗细集料粒径的划分采用不同的划分尺寸。用于沥青混合料时(除 SMA 沥青混合料),该界限尺寸为 2.36 mm,用于水泥混凝土的粗细集料分界尺寸是 4.75 mm,用于路面基层粗细粒径的划分同样以 4.75 mm 为界限。集料中粒径大于等于分界尺寸的颗粒是粗集料,其余则是细集料。需要说明的是,SMA 沥青混合料粗细粒径划分随该混合料中粗集料的粒径大小,采用不同粗细划分界限。其中 SMA-10 的划分界限是 2.36 mm,而 SMA-13、SMA-16 和 SMA-20 的界限则为 4.75 mm。常用的粗集料有碎石及卵石两种。常用的细集料包括天然砂、海砂、机制砂等。

砂石材料的质量检验是道路工程检测的重要一环,使用前、使用中应按照规范要求的试验项目及频率进行正确的取样和试验(见表 2-1),对保证工程质量具有十分重要的意义。

表 2-1 砂石常规试验项目及频率

试样名称	试验项目	抽样频率	取样方法	采用标准
石料	单轴抗压强度	以每一产源为一批	取代表性的石料	1.《公路工程石料试验规程》(JTG E41—2005); 2.《公路桥涵施工技术规范》(JTG/T 3650—2020)
粗集料(混凝土用)	1.筛分;2.含泥量;3.针片状;4.压碎值	每批次进场检验一次,每批次代表数量不得超过 400 m³	先铲除表面处无代表性的部分,然后在料堆的顶部、中部、底部取得大致相等的若干份组成一组试样	1.《公路工程集料试验规程》(JTG E42—2005); 2.《公路水泥混凝土路面施工技术规范》(JTG F30—2003); 3.《公路桥涵施工技术规范》(JTG/T 3650—2020); 4.《公路工程石料试验规程》(JTG E41—2005)
	5.含水量		混凝土开盘前必做	
	6.表观密度与堆积密度		必要时做	
粗集料(沥青混凝土用)	1.筛分;2.表观相对密度;3.吸水率;4.针片状;5.小于 0.075 mm 颗粒含量;	每批次进场检验一次,每批次代表数量不得超过 1 000 m³	随机取样	1.《公路沥青路面施工技术规范》(JTG F40—2004); 2.《公路工程集料试验规程》(JTG E42—2005); 3.《公路工程石料试验规程》(JTG E41—2005)

续表

试样名称	试验项目	抽样频率	取样方法	采用标准
粗集料（沥青混凝土用）	6.洛杉矶磨耗值；7.磨光值；8.黏附性；9.石料抗压强度；10.石料酸碱性；11.石料冲击值；12.压碎值；13.软石含量；14.含水量；15.坚固性	必要时做	随机取样	1.《公路沥青路面施工技术规范》(JTG F40—2004)； 2.《公路工程集料试验规程》(JTG E42—2005)； 3.《公路工程石料试验规程》(JTG E41—2005)
粗集料（水泥稳定或级配碎石）	1.颗粒组成(筛分)；2.塑性指数	每批次进场检验一次，每批次代表数量不得超过1 000 m³	随机取样	1.《公路路面基层施工技术规范》(JTJ 034—2000)； 2.《公路工程集料试验规程》(JTG E42—2005)
	3.含水量	水泥稳定混合料开盘前必做		
	4.压碎值；5.毛体积相对密度；6.吸水率	必要时做		
细集料（水泥混凝土用）	1.筛分；2.表观密度与堆积密度；3.含泥量与泥块含量	每批次进场检验一次，每批次代表数量不得超过200 m³	取样前先将取样部位表层铲除，然后由各部位抽取大致相等的砂，组成一组样品	1.《公路工程集料试验规程》(JTG E42—2005)； 2.《公路水泥混凝土路面施工技术规范》(JTG F30—2003)； 3.《公路桥涵施工技术规范》(JTG/T 3650—2020)
	4.含水量	混凝土开盘前必做		
细集料（沥青混凝土用）	1.颗粒组成(筛分)；2.表观相对密度；3.含泥量（小于0.075 mm）	每批次进场检验一次，每批次代表数量不得超过500 m³	随机取样	1.《公路沥青路面施工技术规范》(JTG F40—2004)； 2.《公路工程集料试验规程》(JTG E42—2005)
	4.含水量；5.砂当量；6.棱角性	必要时做		

第一节　石料真实密度试验

一、目的与适用范围

岩石的真实密度(颗粒密度)是指在 105℃±5℃下烘至恒量时石料矿质单位体积(不包括开口与闭口孔隙体积)的质量。岩石的真实密度是选择建筑材料、研究岩石风化、评价地基基础工程岩体稳定性及确定围岩压力等必需的计算指标。

本法用洁净水做试液时适用于不含水溶性矿物成分的岩石的密度测定，对含水溶性矿物成分的岩石应使用中性液体如煤油做试液。

注：洁净水一般指不含杂质的纯净水，建议使用蒸馏水。

二、仪器设备

(1)密度瓶：短颈量瓶。容积 100 mL。
(2)天平：感量 0.001 g。
(3)轧石机、球磨机、瓷研钵、玛瑙研钵、磁铁块和孔径为 0.315 mm(0.3 mm)的筛子。
(4)砂浴、恒温水槽(灵敏度±1℃)及真空抽气设备。
(5)烘箱：能使温度控制在 105～110 ℃。
(6)干燥器：内装氯化钙或硅胶等干燥剂。
(7)锥形玻璃漏斗和瓷皿、滴管、中骨匙和温度计等。

三、试样制备

取代表性岩石试样在小型轧石机上初碎(或手工用钢锤捣碎)，再置于球磨机中进一步磨碎，然后用研钵研细，使之全部粉碎成能通过 0.315 mm 筛孔的岩粉。

四、试验步骤

(1)将制备好的岩粉放在瓷皿中，置于温度为 105～110℃的烘箱中烘至恒量，烘干时间一般为 6～12 h，然后再置于干燥器中冷却至室温(20℃±2℃)备用。

(2)用四分法取两份岩粉，每份试样从中称取 15 g(m_1)，精确至 0.001 g(本试验称量精度皆同)，用漏斗灌入洗净烘干的密度瓶中，并注入试液至瓶的一半处，摇动密度瓶使岩粉分散。

(3)当使用洁净水作试液时，可采用沸煮法或真空抽气法排除气体。当使用煤油作试液时，应采用真空抽气法排除气体。采用沸煮法排除气体时，沸煮时间自悬液沸腾时算起不得少于 1 h；采用真空抽气法排除气体时，真空压力表读数宜为 100 kPa，抽气时间维持 1～2 h，直至无气泡逸出为止。

(4)将经过排除气体的密度瓶取出擦干，冷却至室温，再向密度瓶中注入排除气体且同温条件的试液，使接近满瓶，然后置于恒温水槽(20℃±2℃)内。待密度瓶内温度稳定，上部悬液澄清后，塞好瓶塞，使多余试液溢出。从恒温水槽内取出密度瓶，擦干瓶外水分，立即称其质量(m_3)。

(5)倾出悬液，洗净密度瓶，注入经排除气体并与试验同温度的试液至密度瓶，再置于恒温水槽内。待瓶内试液的温度稳定后，塞好瓶塞，将逸出瓶外试液擦干，立即称其质量(m_2)。

五、结果整理

(1)按式(2-1)计算岩石真实密度值(精确至 0.01 g/cm³)：

$$\rho_t = \frac{m_1}{m_1 + m_2 - m_3} \times \rho_{wt} \tag{2-1}$$

式中　ρ_t——岩石的密度(g/cm³)；

m_1——岩粉的质量(g);

m_2——密度瓶与试液的合质量(g);

m_3——密度瓶、试液与岩粉的总质量(g);

ρ_{wt}——与试验同温度试液的密度(g/cm³),煤油的密度按式(2-2)计算:

$$\rho_{wt} = \frac{m_5 - m_4}{m_6 - m_4} \times \rho_w \tag{2-2}$$

式中 m_4——密度瓶的质量(g);

m_5——密度瓶与煤油的合质量(g);

m_6——密度瓶与经排除气体的洁净水的合质量(g);

ρ_w——经排除气体的洁净水的密度(g/cm³)。

(2)以两次试验结果的算术平均值作为测定值,如两次试验结果之差大于0.02 g/cm³时,应重新取样进行试验。

六、注意事项

(1)试样烘干至恒重是指相邻两次称量间隔时间不大于3 h的情况下,前后两次称量之差小于该项试验所要求的称量精度。

(2)向密度瓶中装入石粉时,注意石粉损失。倾注完毕应当排出空气和保持恒温。

第二节 石料单轴抗压强度试验

一、目的与适用范围

单轴抗压强度试验是测定规则形状岩石试件单轴抗压强度的方法,主要用于岩石的强度分级和岩性描述。

本法采用饱和状态下的岩石立方体(或圆柱体)试件的抗压强度来评定岩石强度(包括碎石或卵石的原始岩石强度)。

在某些情况下,试件含水状态还可根据需要选择天然状态、烘干状态或冻融循环后状态。试件的含水状态要在试验报告中注明。

二、仪器设备

(1)压力试验机或万能试验机。

(2)钻石机、切石机、磨石机等岩石试件加工设备。

(3)烘箱、干燥器、游标卡尺、角尺及水池等。

三、试件制备

(1) 建筑地基的岩石试验，采用圆柱体作为标准试件，直径为 50 mm±2 mm、高径比为 2∶1。每组试件共 6 个。

(2) 桥梁工程用的石料试验，采用立方体试件，边长为 70 mm±2 mm。每组试件共 6 个。

(3) 路面工程用的石料试验，采用圆柱体或立方体试件，其直径或边长和高均为 50 mm±2 mm。每组试件共 6 个。

有显著层理的岩石，分别沿平行和垂直层理方向各取试件 6 个。试件上、下端面应平行和磨平，试件端面的平面度公差应小于 0.05 mm，端面对于试件轴线垂直度偏差不应超过 0.25°。

四、试验步骤

(1) 用游标卡尺量取试件尺寸(精确至 0.1 mm)，对立方体试件在顶面和底面上各量取其边长，以各个面上相互平行的两个边长的算术平均值计算其承压面积；对于圆柱体试件在顶面和底面分别测量两个相互正交的直径，并以其各自的算术平均值分别计算底面和顶面的面积，取其顶面和底面面积的算术平均值作为计算抗压强度所用的截面积。

(2) 试件的含水状态可根据需要选择烘干状态、天然状态、饱和状态、冻融循环后状态。试件烘干和饱和状态应符合吸水率试验相关条款的规定，试件冻融循环后状态应符合抗冻性试验中相关条款的规定。

(3) 按岩石强度性质，选定合适的压力机。将试件置于压力机的承压板中央，对正上、下承压板，不得偏心。

(4) 以 0.5～1.0 MPa/s 的速率进行加荷直至破坏，记录破坏荷载及加载过程中出现的现象。抗压试件试验的最大荷载记录以 N 为单位，精度 1%。

五、结果整理

(1) 岩石的抗压强度和软化系数分别按式(2-3)、(2-4)计算。

$$R = \frac{P}{A} \tag{2-3}$$

式中　R——岩石的抗压强度(MPa)；
　　　P——试件极限破坏时的荷载(N)；
　　　A——试件的截面积(mm^2)。

$$K_P = \frac{R_w}{R_d} \tag{2-4}$$

式中　K_P——岩石的软化系数；
　　　R_w——岩石在饱和状态下的单轴抗压强度(MPa)；
　　　R_d——岩石在烘干状态下的单轴抗压强度(MPa)。

(2) 单轴抗压强度试验结果应同时列出每个试件的试验值及同组岩石单轴抗压强度的平均值；

有显著层理的岩石，分别报告垂直与平行层理方向的试件强度的平均值。计算值精确至 0.1 MPa。

(3)软化系数计算值精确至 0.01，3 个试件平行测定，取算术平均值；3 个值中最大与最小之差不应超过平均值的 20%，否则，应另取第 4 个试件，并在 4 个试件中取最接近的 3 个值的平均值作为试验结果，同时在报告中将 4 个值全部给出。

六、注意事项

(1)标准试件为 50 mm×50 mm×50 mm 正立方体或直径和高度均为 50 mm 的圆柱体，应满足试件平面度公差和端面与试件轴线垂直偏差的要求。

(2)先对试件进行编号后再量取试件的尺寸，以免试件混淆。

(3)按饱水状态下的抗压强度划分石料的强度等级。若采用天然含水量时，试样保管期不应超过 30 d，并在试验报告中注明。

(4)石料抗压强度试验结果评定满足规定要求。

第三节　粗集料筛分试验

一、目的与适用范围

(1)测定粗集料(碎石、砾石、矿渣等)的颗粒组成。对水泥混凝土用粗集料可采用干筛法筛分，对沥青混合料及基层用粗集料必须采用水洗法试验。

(2)本方法也适用于同时含有粗集料、细集料、矿粉的集料混合料筛分试验，如未筛碎石、级配碎石、天然砂砾、级配砂砾、无机结合料稳定基层材料、沥青拌和楼的冷料混合料、热料仓材料、沥青混合料经溶剂抽提后的矿料等。

二、仪器设备

(1)试验筛：根据需要选用规定的标准筛。
(2)摇筛机。
(3)天平或台秤：感量不大于试样质量的 0.1%。
(4)其他：盘子、铲子、毛刷等。

三、试验准备

按规定将来料用分料器或四分法缩分至表 2-2 要求的试样所需量，风干后备用。根据需要可按要求的集料最大粒径的筛孔尺寸过筛，除去超粒径部分颗粒后，再进行筛分。

表 2-2 集料筛分用的试样质量

公称最大粒径/mm	75.00	63.00	37.50	31.50	26.50	19.00	16.00	9.50	4.75
试样质量不小于/kg	10.0	8.0	5.0	4.0	2.5	2.0	1.0	1.0	0.5

四、水泥混凝土用粗集料干筛法试验步骤

(1)取试样一份置(105±5)℃烘箱中烘干至恒重,称取干燥集料试样的总质量(m_0),准确至0.1%。

(2)用搪瓷盘作筛分容器,按筛孔大小排列顺序逐个将集料过筛。人工筛分时,需使集料在筛面上同时有水平方向及上下方向的不停顿的运动,使小于筛孔的集料通过筛孔,直至 1 min 内通过筛孔的质量小于筛上残余量的 0.1%为止;当采用摇筛机筛分时,应在摇筛机筛分后再逐个由人工补筛。将筛出通过的颗粒并入下一号筛,和下一号筛中的试样一起过筛,顺序进行,直至各号筛全部筛完为止。应确认 1 min 内通过筛孔的质量确实小于筛上残余量的 0.1%。

注:由于 0.075 mm 筛干筛几乎不能把沾在粗集料表面的小于 0.075 mm 部分的石粉筛过去,而且对水泥混凝土用粗集料而言,0.075 mm 通过率的意义不大,所以也可以不筛,且把通过 0.15 mm 筛的筛下部分全部作为 0.075 mm 的分计筛余,将粗集料的 0.075 mm 通过率假设为 0。

(3)如果某个筛上的集料过多,影响筛分作业时,可以分两次筛分。当筛余颗粒的粒径大于 19 mm 时,筛分过程中允许用手指轻轻拨动颗粒,但不得逐颗塞过筛孔。

(4)称取每个筛上的筛余量,准确至总质量的 0.1%。各筛分计筛余量及筛底存量的总和与筛分前试样的干燥总质量 m_0 相比,相差不得超过 m_0 的 0.5%。

五、沥青混合料及基层用粗集料水洗法试验步骤

(1)取一份试样,将试样置(105±5)℃烘箱中烘干至恒重,称取干燥集料试样的总质量(m_3),准确至 0.1%。

注:恒重系指相邻两次称量间隔时间大于 3 h(通常不少于 6 h)的情况下,前后两次称量之差小于该项试验所要求的称量精密度。下同。

(2)将试样置一洁净容器中,加入足够数量的洁净水,将集料全部淹没,但不得使用任何洗涤剂、分散剂或表面活性剂。

(3)用搅棒充分搅动集料,使集料表面洗涤干净,使细粉悬浮在水中,但不得破碎集料或有集料从水中溅出。

(4)根据集料粒径大小选择组成一组套筛,其底部为 0.075 mm 标准筛,上部为 2.36 mm 或 4.75 mm 筛。仔细将容器中混有细粉的悬浮液倒出,经过套筛流入另一容器中,尽量不将粗集料倒出,以免损坏标准筛筛面。

注：无需将容器中的全部集料都倒出，只倒出悬浮液。且不可直接倒至 0.075 mm 筛上，以免集料掉出损坏筛面。

(5) 重复 (2)~(4) 步骤，直至倒出的水洁净为止，必要时可采用水流缓慢冲洗。

(6) 将套筛每个筛子上的集料及容器中的集料全部回收在一个搪瓷盘中，容器上不得有沾附的集料颗粒。

注：沾在 0.075 mm 筛面上的细粉很难回收扣入搪瓷盘中，此时需将筛子倒扣在搪瓷盘上用少量的水并助以毛刷将细粉刷落入搪瓷盘中，并注意不要散失。

(7) 在确保细粉不散失的前提下，小心泌去搪瓷盘中的积水，将搪瓷盘连同集料一起置 105℃±5℃烘箱中烘干至恒重，称取干燥集料试样的总质量(m_4)，准确至 0.1%。以 m_3 与 m_4 之差作为 0.075 mm 的筛下部分。

(8) 将回收的干燥集料按干筛方法筛分出 0.075 mm 筛以上各筛的筛余量，此时 0.075 mm 下部分应为 0，如果尚能筛出，则应将其并入水洗得到的 0.075 mm 筛下部分，且表示水洗得不干净。

六、计 算

1. 干筛法筛分结果的计算

(1) 计算各筛分计筛余量及筛底存量的总和与筛分前试样的干燥总质量 m_0 之差，作为筛分时的损耗，并按照式 (2-5) 计算损耗率，若损耗率大于 0.3%，应重新进行试验。

$$m_5 = m_0 - (\sum m_i + m_底) \tag{2-5}$$

式中　m_5——由于筛分造成的损耗(g)；

　　　m_0——用于干筛的干燥集料总质量(g)；

　　　m_i——各号筛上的分计筛余(g)；

　　　i——依次为 0.075 mm、0.15 mm、……至集料最大粒径的排序；

　　　$m_底$——筛底(0.075 mm 以下部分)集料总质量(g)。

(2) 计算干筛分计筛余百分率。

干筛后各号筛上的分计筛余百分率按式 (2-6) 计算，精确至 0.1%。

$$p_i' = \frac{m_i}{m_0 - m_5} \times 100 \tag{2-6}$$

式中　p_i'——各号筛上的分计筛余百分率(%)；

　　　m_i——各号筛上的分计筛余(g)；

　　　m_0——用于干筛的干燥集料总质量(g)；

　　　m_5——由于筛分造成的损耗(g)；

　　　i——依次为 0.075 mm、0.15 mm、……至集料最大粒径的排序。

(3) 计算干筛累计筛余百分率。

各号筛的累计筛余百分率为该号筛以上各号筛的分计筛余百分率之和，精确至 0.1%。

(4) 计算干筛各号筛的质量通过百分率。

各号筛的质量通过百分率 P_i 等于 100 减去该号筛累计筛余百分率,精确至 0.1%。

(5)由筛底存量除以扣除损耗后的干燥集料总质量计算 0.075 mm 筛的通过率。

(6)试验结果以两次试验的平均值表示,精确至 0.1%。当两次试验结果 $P_{0.075}$ 的差值超过 1%时,试验应重新进行。

2.水筛法筛分结果的计算

(1)按式(2-7)、(2-8)计算粗集料中 0.075 mm 筛下部分质量 $m_{0.075}$ 和含量 $P_{0.075}$,精确至 0.1%。当两次试验结果的差值超过 1%时,试验应重新进行。

$$m_{0.075} = m_3 - m_4 \tag{2-7}$$

$$P_{0.075} = \frac{m_{0.075}}{m_3} = \frac{m_3 - m_4}{m_3} \times 100 \tag{2-8}$$

式中　$m_{0.075}$——粗集料中水洗得到的小于 0.075 mm 部分的质量(g);

$P_{0.075}$——粗集料中小于 0.075 mm 的含量(通过率)(%);

m_3——用于水洗的干燥粗集料总质量(g);

m_4——水洗后的干燥粗集料总质量(g)。

(2)计算各筛分计筛余量及筛底存量的总和与筛分前试样的干燥总质量 m_4 之差,作为筛分时的损耗,按照式(2-9)计算损耗率,若损耗率大于 0.3%,应重新进行试验。

$$m_5 = m_3 - (\sum m_i + m_{0.075}) \tag{2-9}$$

式中　m_5——由于筛分造成的损耗(g);

m_3——用于水筛筛分的干燥集料总质量(g);

m_i——各号筛上的分计筛余(g);

i——依次为 0.075 mm、0.15 mm、……至集料最大粒径的排序;

$m_{0.075}$——水洗后得到的 0.075 mm 以下部分质量(g),即($m_3 - m_4$)。

(3)计算其他各筛的分计筛余百分率、累计筛余百分率、质量通过百分率,计算方法与干筛法相同。当干筛时筛分有损耗时,应按干筛法的方法从总质量中扣除损耗部分。

(4)试验结果以两次试验的平均值表示。

第四节　粗集料含泥量及泥块含量试验

一、目的与适用范围

测定碎石或砾石中小于 0.075 mm 的尘屑、淤泥和黏土的总含量及 4.75 mm 以上泥块颗粒含量。

二、仪器设备

(1)台秤:感量不大于称量的 0.1%。
(2)烘箱:能控温 105℃±5℃。
(3)标准筛:测泥含量时用孔径为 1.18 mm、0.075 mm 的方孔筛各 1 只;测泥块含量时,则用 2.36 mm 及 4.75 mm 的方孔筛各 1 只。
(4)容器:容积约 10 L 的桶或搪瓷盘。
(5)浅盘、毛刷等。

三、试验准备

按粗集料取样的方法取样,将来样用四分法或分料器法缩分至表 2-3 所规定的量(注意防止细粉丢失并防止所含黏土块被压碎),置于温度为 105℃±5℃的烘箱内烘干至恒重,冷却至室温后分成两份备用。

表 2-3 含泥量及泥块含量试验所需试样最小质量

公称最大粒径/mm	75.00	63.00	37.50	31.50	26.50	19.00	16.00	9.50	4.75
试样最小质量/kg	20.0	20.0	10.0	10.0	6.0	6.0	2.0	2.0	1.5

四、试验步骤

1. 含泥量试验步骤

(1)称取试样 1 份(m_0)装入容器内,加水,浸泡 24 h,用手在水中淘洗颗粒(或用毛刷洗刷),使尘屑、黏土与较粗颗粒分开,并使之悬浮于水中;缓缓地将浑浊液倒入 1.18 mm 及 0.075 mm 的套筛上,滤去小于 0.075 mm 的颗粒。试验前筛子的两面应先用水湿润,在整个试验过程中,应注意避免大于 0.075 mm 的颗粒丢失。

(2)再次加水于容器中,重复上述步骤,直到洗出的水清澈为止。

(3)用水冲洗余留在筛上的细粒,并将 0.075 mm 筛放在水中(使水面略高于筛内颗粒)来回摇动,以充分洗除小于 0.075 mm 的颗粒,而后将两只筛上余留的颗粒和容器中已经洗净的试样一并装入浅盘,置于温度为 105℃±5℃的烘箱中烘干至恒重,取出冷却至室温后,称取试样的质量(m_1)。

2. 泥块含量试验步骤

(1)取试样 1 份。

(2)用 4.75 mm 筛将试样过筛,称出筛去 4.75 mm 以下颗粒后的试样质量(m_2)。

(3)将试样在容器中摊平,加水使水面高出试样表面,24 h 后将水放掉,用手捻压泥块,然后将试样放在 2.36 mm 筛上用水冲洗,直至洗出的水清澈为止。

(4)小心地取出 2.36 mm 筛上试样,置于温度为 105℃±5℃的烘箱中烘干至恒重,取出冷却至室温后称量(m_3)。

五、计 算

(1)碎石或砾石的含泥量按式(2-10)计算,精确至0.1%。

$$Q_n = \frac{m_0 - m_1}{m_0} \times 100 \tag{2-10}$$

式中　Q_n——碎石或砾石的含泥量(%);

　　　m_0——试验前烘干试样质量(g);

　　　m_1——试验后烘干试样质量(g)。

以两次试验的算术平均值作为测定值,两次结果的差值超过0.2%时,应重新取样进行试验。对沥青路面用集料,此含泥量记为小于0.075 mm颗粒含量。

(2)碎石或砾石中黏土泥块含量按式(2-11)计算,精确至0.1%。

$$Q_k = \frac{m_2 - m_3}{m_2} \times 100 \tag{2-11}$$

式中　Q_k——碎石或砾石中黏土泥块含量(%);

　　　m_2——4.75 mm筛筛余量(g);

　　　m_3——试验后烘干试样质量(g)。

以两个试样两次试验结果的算术平均值为测定值,两次结果的差值超过0.1%时,应重新取样进行试验。

第五节　粗集料密度试验(网篮法)

一、目的与适用范围

(1)本方法适用于测定各种粗集料的表观相对密度、表干相对密度、毛体积相对密度、表观密度、表干密度、毛体积密度,以及粗集料的吸水率。通过测定粗集料的各种密度,以便从密度角度掌握粗集料的物理状态,以及作为混合料配合比设计时的基本参数。

(2)本方法测定的结果不适用于仲裁及沥青混合料配合比设计计算理论密度时使用。

二、仪器设备

(1)天平或浸水天平:可悬挂吊篮测定集料的水中质量,称量应满足试样数量称量要求,感量不大于最大称量的0.05%。

(2)吊篮:耐锈蚀材料制成,直径和高度为150 mm左右,四周及底部用1~2 mm的筛网编制或具有密集的孔眼。

(3)溢流水槽:在称量水中质量时能保持水面高度一定。

(4)烘箱:能控温在105℃±5℃。

(5)毛巾：纯棉制，洁净，也可用纯棉的汗衫代替。
(6)温度计。
(7)标准筛：4.75 mm、2.36 mm。
(8)盛水容器(如搪瓷盘)。
(9)其他：刷子等。

三、试验步骤

(1)取试样并缩分至大于表2-4规定的数量。风干后筛除小于4.75 mm的颗粒，洗净，分为大致相等的两份备用。

表2-4　密度所需要的试样最小质量

公称最大粒径/mm	75.00	63.00	37.50	31.50	26.50	19.00	16.00	9.50	4.75
试样质量不小于/kg	3.0	3.0	2.0	1.5	1.5	1.0	1.0	1.0	0.8

(2)将待测试样浸泡水中一段时间后，小心漂洗干净，操作时要防止试样颗粒损失。

(3)取所需试样放入盛水器皿中，注入清水，高出试样至少 20 mm，搅动集料，尽可能排除集料颗粒上附着的气体。在室温下保持浸水 24 h。

(4)将吊篮浸入溢流水槽中，控制水温在 15～25℃的范围。水槽的水面高度由溢流口调节，试验过程始终保持在同一位置。天平调零。

(5)将试样转入吊篮，在水面维持不变的状态下，称取集料在水中的质量(m_w)。

(6)提起吊篮稍加滴水后，将试样全部倒入瓷盘或直接倒在拧干的湿毛巾上，用拧干的湿毛巾轻轻擦拭集料颗粒表面的水，直到表面看不到发亮的水迹，使集料处在饱和面干状态。当集料颗粒较大时，也可逐颗擦干。整个过程不得有试样颗粒丢失。

(7)立即在天平上称出集料在饱和面干状态时的质量(m_f)，又称为表干质量。

(8)将称重后的试样转入瓷盘中，放入105℃±5℃的烘箱中烘干至恒重。取出在干燥器中冷却至室温，称取试样的烘干质量(m_a)。

注：恒重是指相邻两次称量间隔时间大于 3 h 的情况下，其前后两次称量之差小于该项试验所要求的精密度，即 0.1%。一般在烘箱中烘烤的时间不得少于 4～6 h。

(9)每个试样平行试验两次，取平均值作为试验的结果。

四、计　算

(1)各种不同含义的相对密度分别按下列各式计算：

表观相对密度

$$\gamma_a = \frac{m_a}{m_a - m_w} \tag{2-12}$$

毛体积相对密度

$$\gamma_b = \frac{m_a}{m_f - m_w} \tag{2-13}$$

表干相对密度 $\quad\gamma_s = \dfrac{m_f}{m_f - m_w}$ (2-14)

式中 γ_a——粗集料表观相对密度（无量纲）；

γ_b——粗集料毛体积相对密度（无量纲）；

γ_s——粗集料表干相对密度（无量纲）；

m_a——集料的烘干质量（g）；

m_w——集料的水中质量（g）；

m_f——集料的表干质量（g）。

(2)集料的吸水率按式(2-15)计算，精确至0.01%：

$$w_x = \dfrac{m_f - m_a}{m_a} \times 100$$ (2-15)

(3)粗集料的表观密度、毛体积密度、表干密度按照下列公式计算，结果精确至小数点后3位。

$$\rho_a = \gamma_a \times \rho_{wT} \text{ 或 } \rho_a = (\gamma_a - a_T) \times \rho_w$$ (2-16)

$$\rho_b = \gamma_b \times \rho_{wT} \text{ 或 } \rho_b = (\gamma_b - a_T) \times \rho_w$$ (2-17)

$$\rho_s = \gamma_s \times \rho_{wT} \text{ 或 } \rho_s = (\gamma_s - a_T) \times \rho_w$$ (2-18)

式中 ρ_a——粗集料的表观密度（g/cm³）；

ρ_b——粗集料的毛体积密度（g/cm³）；

ρ_s——粗集料的表干密度（g/cm³）；

ρ_{wT}——试验温度T（℃）时水的密度（g/cm³），按表2-5选用；

a_T——试验温度T（℃）时的水温修正系数（无量纲）；

ρ_w——水在4℃时的密度（1.00 g/cm³）。

表2-5 不同水温时水的密度 ρ_{wT} 及水温修正系数 a_T

水温/℃	15	16	17	18	19	20
水的密度 ρ_{wT}/(g/cm³)	0.999 13	0.998 97	0.998 80	0.998 62	0.998 43	0.998 22
水温修正系数 a_T	0.002	0.003	0.003	0.004	0.004	0.005
水温/℃	21	22	23	24	25	—
水的密度 ρ_{wT}/(g/cm³)	0.998 02	0.997 79	0.997 56	0.997 33	0.997 02	—
水温修正系数 a_T	0.005	0.006	0.006	0.007	0.007	—

(4)对于各种密度的试验结果的重复性精度，要求两次结果相差不超过0.02，吸水率不超过0.2%。

第六节　粗集料堆积密度及空隙率试验

一、目的与适用范围

测定粗集料的堆积密度，包括自然堆积状态、振实状态、捣实状态下的堆积密度，以确定粗集料的空隙率(或间隙率)。

二、仪器设备

(1)天平或台秤：感量不大于称量的0.1%。
(2)容量筒：适用于粗集料堆积密度测定的容量筒应符合表2-6的要求。

表2-6　容量筒的规格要求

粗集料公称最大粒径/mm	容量筒容积/L	容量筒规格/mm			筒壁厚度/mm
		内径	净高	底厚	
≤4.75	3	155±2	160±2	5.0	2.5
9.5～26.5	10	205±2	305±2	5.0	2.5
31.5～37.5	15	255±5	295±5	5.0	3.0
≥53	20	355±5	305±2	5.0	3.0

(3)平头铁锹。
(4)烘箱：能控温105℃±5℃。
(5)振动台：频率为3 000次/min±200次/min，负荷下的振幅为0.35 mm，空载时的振幅为0.5 mm。
(6)捣棒：直径16 mm、长600 mm、一端为圆头的钢棒。

三、试验准备

按粗集料取样的方法取样、缩分，质量应满足试验要求，在105℃±5℃的烘箱中烘干，也可以摊在清洁的地面上风干，拌匀后分成两份备用。

四、试验步骤

1. 自然堆积密度

取试样1份，置于平整干净的水泥地(或铁板)上，用平头铁锹铲起试样，使石子自由落入容量筒内。此时，从铁锹的齐口至容量筒上口的距离应保持为50 mm左右，装满容量筒并除去凸出筒口表面的颗粒,并以合适的颗粒填入凹陷空隙,使表面稍凸起部分和凹陷部分的体积大致相等,称取试样和容量筒总质量(m_2)。

2. 振实密度

按堆积密度试验步骤,将装满试样的容量筒放在振动台上,振动 3 min,或者将试样分 3 层装入容量筒:装完一层后,在筒底垫放一根直径为 25 mm 的圆钢筋,将筒按住,左右交替颠击地面各 25 下;然后装入第二层,用同样的方法颠实(但筒底所垫钢筋的方向应与第一层放置方向垂直);然后再装入第三层,如法颠实。待三层试样装填完毕后,加料填到试样超出容量筒口,用钢筋沿筒口边缘滚转,刮下高出筒口的颗粒,用合适的颗粒填平凹处,使表面稍凸起部分和凹陷部分的体积大致相等,称取试样和容量筒总质量(m_3)。

3. 捣实密度

将试样分 3 层装入容积适宜的容量筒,每层高度约占筒高 1/3,并在每层用金属捣棒由边缘至中心均匀捣实 25 次,插捣深度约达到下层表面。最后一层捣实刮平后与筒口齐平,目测估计表面凸起部分与凹陷部分的容积大致相等,称取容量筒与试样的总质量(m_4)。

4. 容量筒容积的标定

称出空容量筒的质量(m_1),将水装满容量筒,擦干筒外壁的水分,再称容量筒与水的总质量(m_w),测量水温,按照不同水温条件下温度修正系数对容量筒的容积做校正。

五、计 算

(1)容量筒的容积按式(2-19)计算。

$$V = \frac{m_w - m_1}{\rho_{wT}} \tag{2-19}$$

式中　V ——容量筒的容积(L);

　　　m_1 ——容量筒的质量(kg);

　　　m_w ——容量筒与水的总质量(kg);

　　　ρ_{wT} ——试验温度 T (℃)时水的密度(g/cm³),按表 2-5 来选用。

(2)堆积密度(包括自然堆积状态、振实状态、捣实状态下的堆积密度)按式(2-20)计算至小数点后两位。

$$\rho_i = \frac{m_i - m_1}{V} \tag{2-20}$$

式中　ρ_i ——堆积密度、振实密度、捣实密度(kg/L 或 g/cm³);

　　　m_i ——松堆积状态下、振实状态下(包括人工或机械振实操作)和捣实状态下所装集料和容量筒的总质量 m_2、m_3 和 m_4 (kg);

　　　m_1 ——容量筒的质量(kg);

　　　V ——容量筒的容积(L)。

(3)粗集料的空隙率按式(2-21)计算。

$$VV = \left(1 - \frac{\rho}{\rho_{a(b)}}\right) \times 100 \tag{2-21}$$

式中 VV——粗集料的空隙率(%);

$\rho_{a(b)}$——粗集料的表观密度或毛体积密度(g/cm³),当该空隙率针对水泥混凝土时采用表观密度计算,而针对沥青混合料时采用毛体积密度计算;

ρ——振实密度(g/cm³)。

(4)捣实状态下粗集料骨架(通常指4.75 mm粒径以上部分)的间隙率按式(2-22)计算。

$$VCA_{DRC} = \left(1 - \frac{\rho}{\rho_b}\right) \times 100 \tag{2-22}$$

式中 VCA_{DRC}——捣实状态下粗集料骨架间隙率(%);

ρ_b——粗集料的毛体积密度(g/cm³);

ρ——捣实密度(g/cm³)。

(5)以两次平行试验结果的平均值作为测定值。

第七节 粗集料压碎值试验

一、目的与适用范围

集料压碎值用于衡量石料在逐渐增加的荷载下抵抗压碎的能力,是衡量石料力学性质的指标,以评定其在公路工程中的适用性。

二、仪器设备

(1)压碎值专用试模:由试筒、压柱和底板三部分组成。

(2)金属棒:直径10 mm,长450～600 mm,一端加工成半球形。

(3)天平:称量2～3 kg,感量不大于1 g。

(4)标准筛:筛孔尺寸13.2 mm、9.5 mm、2.36 mm方孔筛各1个。

(5)压力机:500 kN,应能在10 min内达到400 kN。

(6)金属筒:圆柱形,内径112.0 mm,高179.4 mm,容积1 767 cm³。

三、试验准备

(1)采用风干石料用13.2 mm和9.5 mm标准筛过筛,取9.5～13.2 mm的试样3组各3 000 g,供试验用。如过于潮湿需加热烘干时,烘箱温度不得超过100℃,烘干时间不超过4 h。试验前,石料应冷却至室温。

(2)每次试验的石料数量应满足按下述方法夯击后石料在试筒内的深度为100 mm。

在金属筒中确定石料数量的方法：将试样分 3 次（每次数量大体相同）均匀装入试模中，每次均将试样表面整平，用金属棒的半球面端从石料表面上均匀捣实 25 次。最后用金属棒作为直刮刀将表面仔细整平。称取量筒中试样质量（m_0）。以相同质量的试样进行压碎值的平行试验。

四、试验步骤

（1）将试筒安放在底板上。

（2）将要求质量的试样分 3 次（每次数量大体相同）均匀装入试模中，每次均将试样表面整平，用金属棒的半球面端从石料表面上均匀捣实 25 次。最后用金属棒作为直刮刀将表面仔细整平。

（3）将装有试样的试模放到压力机上，同时加压头放入试筒内石料面上，注意使压头摆平，勿楔挤试模侧壁。

（4）开动压力机，均匀地施加荷载，在 10 min 左右的时间内达到总荷载 400 kN，稳压 5 s，然后卸荷。

（5）将试模从压力机上取下，取出试样。

（6）用 2.36 mm 标准筛筛分经压碎的全部试样，可分几次筛分，均需筛到在 1 min 内无明显的筛出物为止。

（7）称取通过 2.36 mm 筛孔的全部细料质量（m_1），准确至 1 g。

五、计　算

（1）石料压碎值按式（2-23）计算，精确至 0.1%。

$$Q'_a = \frac{m_1}{m_0} \times 100 \qquad (2\text{-}23)$$

式中　Q'_a——粗集料压碎值（%）；

m_0——试验前试样质量（g）；

m_1——试验后通过 2.36 mm 筛孔的细料质量（g）。

（2）以 3 个试样平行试验结果的算术平均值作为压碎值的测定值。

第八节　细集料筛分试验

一、目的与适用范围

通过测定细集料（天然砂、人工砂、石屑）的颗粒级配，以确定砂的粗细程度。对水泥混凝土用细集料可采用干筛法，如果需要也可采用水洗法筛分；对沥青混合料及基层用细集料必须用水洗法筛分。

注：当细集料中含有粗集料时，可参照此方法用水洗法筛分，但需特别注意保护标准筛筛面不遭损坏。

二、仪器设备

(1) 标准筛。
(2) 天平：称量 1 000 g，感量不大于 0.5 g。
(3) 摇筛机。
(4) 烘箱：能控温在 105℃±5℃。
(5) 其他：浅盘和硬、软毛刷等。

三、试验准备

根据样品中最大粒径的大小，选用适宜的标准筛，通常为 9.5 mm 筛（水泥混凝土用天然砂）或 4.75 mm 筛（沥青路面及基层用天然砂、石屑、机制砂等）筛除其中的超粒径材料。然后将样品在潮湿状态下充分拌匀，用分料器法或四分法缩分至每份不少于 550 g 的试样两份，在 105℃±5℃的烘箱中烘干至恒重，冷却至室温后备用。

注：恒重系指相邻两次称量间隔时间大于 3 h（通常不少于 6 h）的情况下，前后两次称量之差小于该项试验所要求的称量精密度，下同。

四、试验步骤

1. 干筛法试验步骤

(1) 准确称取烘干试样约 500 g(m_1)，准确至 0.5 g，置于套筛的最上面一只，即 4.75 mm 筛上，将套筛装入摇筛机，摇筛约 10 min，然后取出套筛，再按筛孔大小顺序，从最大的筛号开始，在清洁的浅盘上逐个进行手筛，直到每分钟的筛出量不超过筛上剩余量 0.1%时为止，将筛出通过的颗粒并入下一号筛，和下一号筛中的试样一起过筛，以此顺序进行至各号筛全部筛完为止。

注：① 试样如为特细砂时，试样质量可减少到 100 g。
② 如试样含泥量超过 5%，不宜采用干筛法。
③ 无摇筛机时，可直接用手筛。

(2) 称量各筛筛余试样的质量，精确至 0.5 g。所有各筛的分计筛余量和底盘中剩余量的总量与筛分前的试样总量，相差不得超过后者的 1%。

2. 水洗法试验步骤

(1) 准确称取烘干试样约 500 g(m_1)，准确至 0.5 g。
(2) 将试样置一洁净容器中，加入足够数量的洁净水，将集料全部淹没。
(3) 用搅棒充分搅动集料，将集料表面洗涤干净，使细粉悬浮在水中，但不得有集料从水中溅出。
(4) 用 1.18 mm 筛及 0.075 mm 筛组成套筛。仔细将容器中混有细粉的悬浮液徐徐倒出，经过套筛流入另一容器中，但不得将集料倒出。

注：不可直接倒至 0.075 mm 筛上，以免集料掉出损坏筛面。

(5) 重复(2)~(4)步骤，直至倒出的水洁净且小于 0.075 mm 的颗粒全部倒出。

(6) 将容器中的集料倒入搪瓷盘中，用少量水冲洗，使容器上沾附的集料颗粒全部进入搪瓷盘中。将筛子反扣过来，用少量的水将筛上的集料冲入搪瓷盘中。操作过程中不得有集料散失。

(7) 将搪瓷盘连同集料一起置 105℃±5℃烘箱中烘干至恒重，称取干燥集料试样的总质量（m_2），准确至 0.1%。m_1 与 m_2 之差即为通过 0.075 mm 筛部分。

(8) 将全部要求筛孔组成套筛(但不需 0.075 mm 筛)，将已经洗去小于 0.075 mm 部分的干燥集料置于套筛上(通常为 4.75 mm 筛)，将套筛装入摇筛机，摇筛约 10 min，然后取出套筛，再按筛孔大小顺序，从最大的筛号开始，在清洁的浅盘上逐个进行手筛，直至每分钟的筛出量不超过筛上剩余量的 0.1%时为止，将筛出通过的颗粒并入下一号筛，和下一号筛中的试样一起过筛，这样顺序进行，直至各号筛全部筛完为止。

注：如为含有粗集料的集料混合料，套筛筛孔根据需要选择。

(9) 称量各筛筛余试样的质量，精确至 0.5 g。所有各筛的分计筛余量和底盘中剩余量的总质量与筛分前后试样总量 m_2 的差值不得超过后者的 1%。

五、计　算

(1) 计算分计筛余百分率。

各号筛的分计筛余百分率为各号筛上的筛余量除以试样总量（m_1）的百分率，精确至 0.1%。对沥青路面细集料而言，0.15 mm 筛下部分即为 0.075 mm 的分计筛余，由水洗法(7)测得的 m_1 与 m_2 之差即为小于 0.075 mm 的筛底部分。

(2) 计算累计筛余百分率。

各号筛的累计筛余百分率为该号筛及大于该号筛的各号筛的分计筛余百分率之和，准确至 0.1%。

(3) 计算质量通过百分率。

各号筛的质量通过百分率等于 100 减去该号筛的累计筛余百分率，准确至 0.1%。

(4) 根据各筛的累计筛余百分率或通过百分率，绘制级配曲线。

(5) 天然砂的细度模数按式(2-24)计算，精确至 0.01。

$$M_X = \frac{(A_{0.15} + A_{0.3} + A_{0.6} + A_{1.18} + A_{2.36}) - 5A_{4.75}}{100 - A_{4.75}} \tag{2-24}$$

式中　M_X——砂的细度模数；

$A_{0.15}$，$A_{0.3}$，…，$A_{4.75}$——0.15 mm，0.3 mm，…，4.75 mm 各筛上的累计筛余百分率(%)。

(6) 应进行两次平行试验，以试验结果的算术平均值作为测定值。如两次试验所得的细度模数之差大于 0.2，应重新进行试验。

第九节 细集料表观密度试验(容量瓶法)

一、目的与适用范围

用容量瓶法测定细集料(天然砂、石屑、机制砂)在23℃时对水的表观相对密度和表观密度。本方法适用于含有少量大于2.36 mm部分的细集料。

二、仪器设备

(1)天平：称量1 kg，感量不大于1 g。
(2)容量瓶：500 mL。
(3)烘箱：能控温在105℃±5℃。
(4)烧杯：500 mL。
(5)洁净水。
(6)其他：干燥器、浅盘、铝制料勺、温度计等。

三、试验准备

将缩分至650 g左右的试样在温度为105℃±5℃的烘箱中烘干至恒重，并在干燥器内冷却至室温，分成两份备用。

四、试验步骤

(1)称取烘干的试样约300 g(m_0)，装入盛有半瓶洁净水的容量瓶中。
(2)摇转容量瓶，使试样在已保温至23℃±1.7℃的水中充分搅动以排除气泡，塞紧瓶塞，在恒温条件下静置24 h左右，然后用滴管添水，使水面与瓶颈刻度线平齐，再塞紧瓶塞，擦干瓶外水分，称其总质量(m_2)。
(3)倒出瓶中的水和试样，将瓶的内外表面洗净，再向瓶内注入同样温度的洁净水(温差不超过2℃)至瓶颈刻度线，塞紧瓶塞，擦干瓶外水分，称其总质量(m_1)。

注：在砂的表观密度试验过程中应测量并控制水的温度，试验期间的温差不得超过1℃。

五、计 算

(1)细集料的表观相对密度按式(2-25)计算至小数点后3位。

$$\gamma_a = \frac{m_0}{m_0 + m_1 - m_2} \tag{2-25}$$

式中　γ_a——细集料的表观相对密度(无量纲);
　　　m_0——试样的烘干质量(g);
　　　m_1——水及容量瓶总质量(g);
　　　m_2——试样、水及容量瓶总质量(g)。

(2)表观密度 ρ_a 按式(2-26)计算,精确至小数点后 3 位。

$$\rho_a = \gamma_a \times \rho_{wT} \text{ 或 } \rho_a = (\gamma_a - a_T) \times \rho_w \tag{2-26}$$

式中　ρ_a——细集料的表观密度(g/cm³);
　　　ρ_w——水在 4℃时的密度(g/cm³);
　　　a_T——试验时水温对水密度影响的修正系数,按表 2-5 选用;
　　　ρ_{wT}——试验温度即水温为 T(℃)时水的密度(g/cm³),按表 2-5 选用。

以两次平行试验结果的算术平均值作为测定值,如两次结果之差值大于 0.01 g/cm³ 时,应重新取样进行试验。

第十节　细集料含泥量试验(筛洗法)

一、目的与适用范围

(1)本方法仅用于测定天然砂中粒径小于 0.075 mm 的尘屑、淤泥和黏土的含量。
(2)本方法不适用于人工砂、石屑等矿粉成分较多的细集料。

二、仪器设备

(1)天平:称量 1 kg,感量不大于 1 g。
(2)烘箱:能控温在 105℃±5℃。
(3)标准筛:孔径 0.075 mm 及 1.18 mm 的方孔筛。
(4)其他:筒、浅盘等。

三、试验准备

将来样用四分法缩分至每份约 1 000 g,置于温度为 105℃±5℃的烘箱中烘干至恒重,冷却至室温后,称取约 400 g(m_0)的试样两份备用。

四、试验步骤

(1)取烘干的试样一份置于筒中,并注入洁净的水,使水面高出砂面约 200 mm,充分拌和均匀后,浸泡 24 h,然后用手在水中淘洗试样,使尘屑、淤泥和黏土与砂粒分离,并使之悬浮水中,缓缓地将浑浊液倒入 1.18 mm 至 0.075 mm 的套筛上，滤去小于 0.075 mm 的颗粒。试验前筛子的两面应先用水湿润，在整个试验过程中应注意避免砂粒丢失。

注：不得直接将试样放在 0.075 mm 筛上用水冲洗，或者将试样放在 0.075 mm 筛上后在水中淘洗，以避免误将小于 0.075 mm 的砂颗粒当作泥冲走。

（2）再次加水于筒中，重复上述过程，直至筒内砂样洗出的水清澈为止。

（3）用水冲洗剩留在筛上的细粒，并将 0.075 mm 筛放在水中（使水面略高出筛中砂粒的上表面）来回摇动，以充分洗除小于 0.075 mm 的颗粒；然后将两筛上筛余的颗粒和筒中已经洗净的试样一并装入浅盘，置于温度为 105℃±5℃ 的烘箱中烘干至恒重，冷却至室温，称取试样的质量（m_1）。

五、计　算

（1）砂的含泥量按式（2-27）计算至 0.1%。

$$Q_n = \frac{m_0 - m_1}{m_0} \times 100 \tag{2-27}$$

式中　Q_n——砂的含泥量（%）；
　　　m_0——试验前的烘干试样质量（g）；
　　　m_1——试验后的烘干试样质量（g）。

（2）以两个试样试验结果的算术平均值作为测定值。两次结果的差值超过 0.5% 时，应重新取样进行试验。

思 政 小 记

砂石资源的大量开采对生态环境特别是水、大气、土壤造成严重污染，破坏生态系统，将酿成严重的生态危机。

2015 年全国两会期间，习近平总书记参加江西代表团审议时指出："环境就是民生，青山就是美丽，蓝天也是幸福。要像保护眼睛一样保护生态环境，像对待生命一样对待生态环境。"

2016 年 1 月 18 日，习近平总书记在省部级主要领导干部学习贯彻党的十八届五中全会精神专题研讨班开班式上指出："人因自然而生，人与自然是一种共生关系，对自然的伤害最终会伤及人类自身。"他又说："孔子说：

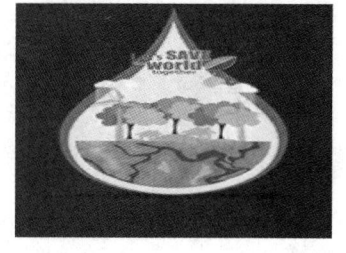

'子钓而不纲，弋不射宿。'意思是不用大网打鱼，不射夜宿之鸟。荀子说：'草木荣华滋硕之时则斧斤不入山林，不夭其生，不绝其长也；鼋鼍、鱼鳖、鳅鳝孕别之时，罔罟、毒药不入泽，不夭其生，不绝其长也。'《吕氏春秋》中说：'竭泽而渔，岂不获得？而明年无鱼；焚薮而田，岂不获得？而明年无兽。'这些关于对自然要取之以时、取之有度的思想,有十分重要的现实意义。"

习近平总书记"绿水青山就是金山银山"的科学论断指明了经济发展和环境保护协同共生的新路径。人与自然是生命共同体,人类必须尊重自然、顺应自然、保护自然,形成人与自然的和谐而生。

第三章 路基土试验

土是由地壳表面的岩石经过物理风化、化学风化和生物风化作用之后的产物。一般来说,路基土石方工程一般占总工程量的 60%~70%,土又是路堤的主要填筑材料,因而路基填筑前,应及时对拟作为路堤填料的材料进行取样试验,以便对土的性质做出正确评价。其常规试验项目及取样频率见表 3-1。

表 3-1 常规试验项目及抽样频率

试样名称	试验项目	抽样频率	取样方法	采用标准
土	1.天然含水率	每 5 000 m³ 一次	先清除表层土,然后分层用四分法取具有代表性的扰动土,土样数量按相应土工试验项目规定采用	1.《公路土工试验规程》(JTG 3430—2020); 2.《公路路基施工技术规范》(JTG 3610—2019)
	2.颗粒分析; 3.界限含水量; 4.击实试验; 5.CBR 试验等	每种土质一次,相同土质每 50 000 m³ 复检一次		

第一节 含水率试验

土的含水率是土在 105~110℃下烘至恒量时所失去的水分质量与达恒量后干土质量的比值,以百分数表示。

含水率是土的基本物理指标之一,它的变化将使土的一系列物理力学性质随之而异。土的含水率不同,可使土表现为坚硬的、可塑的及流动的不同状态,反映在力学方面,能使土的结构强度、孔隙压力、有效压力及稳定性发生变化。它又是计算土的干密度、孔隙比、饱和度等项指标的依据,是检测土工构筑物施工质量的重要指标。

试验方法有烘干法、酒精燃烧法两种。

一、烘干法

1. 目的与适用范围

本方法适用于在测定黏质土、粉质土、砂类土、有机质土和冻土土类的含水率。

2. 仪器设备

(1)烘箱:可采用电热烘箱或温度能保持在105~110℃的其他能源烘箱。

(2)电子天平:称量200 g,分度值0.01 g。

(3)电子台秤:称量5 000 g,分度值1 g。

(4)其他:干燥器、称量盒等。

3. 试验步骤

(1)取代表性试样,细粒土15~30 g,砂类土、有机质土50 g,砂砾石1~2 kg。将试样放入称量盒内,立即盖好盒盖,称质量,细粒土、砂类土称量应准确至0.01 g,砂砾石称量应准确至1 g。当使用恒质量盒时,可先将其放置在电子天平或电子秤上清零,再称量装有试样的恒质量盒,称量结果即为湿土质量。

(2)揭开盒盖,将试样和盒放入烘箱,在105~110℃下烘到恒量。烘干时间,对细粒土不得少于8 h;对砂类土不得少于6 h;对有机质含量超过5%的土或含石膏的土,应将烘干温度控制在60~70℃的恒温下,干燥12~15 h至恒量。

(3)将烘干后的试样和盒取出,放入干燥器内冷却至室温(一般需0.5~1 h即可)。冷却后盖好盒盖,称质量,准确至12~15 h。

注:①对于大多数土,通常烘干16~24 h就足够。但是,某些土或试样数量过多或试样很潮湿,可能需要更长的时间。烘干的时间也与烘箱内试样的总质量、烘箱的尺寸及其通风系统的效率有关。

②如铝盒的盖密闭,而且试样在称量前放置时间较短,可以不需放在干燥器中冷却。

4. 数据处理

含水率应按下式计算(精确至0.1%):

$$w = \frac{m - m_s}{m_s} \tag{3-1}$$

式中　w——含水率(%),计算至0.1%;

　　　m——湿土质量(g);

　　　m_s——干土质量(g)。

5. 精度和允许差

本试验须进行二次平行测定,取其算术平均值,准确至0.1%,允许平行差值应符合表3-2的规定。

表3-2　含水率测定的允许平行差值

含水率 w/%	允许平行差值/%
$w \leqslant 5.0$	$\leqslant 0.3$
$5.0 < w < 40.0$	$\leqslant 1.0$
$w \geqslant 40.0$	$\leqslant 2.0$

二、酒精燃烧法

1. 目的与适用范围

本方法适用于快速简易测定细粒土(含有机质的土除外)的含水率。

2. 仪器设备

(1)称量盒。

(2)电子天平：称量 200 g，分度值 0.01 g。

(3)酒精：纯度不小于 95%。

(4)其他：滴管、火柴、调土刀等。

3. 试验步骤

(1)取代表性试样不少于 10 g，将试样放入称量盒内，称盒与湿土质量，准确至 0.01 g。

(2)用滴管将酒精注入放有试样的称量盒中，直至盒中出现自由液面为止。为使酒精在试样中充分混合均匀，可将盒底在桌面上轻轻敲击。

(3)点燃盒中酒精，烧至火焰熄灭。

(4)将试样冷却数分钟，按第(2)、(3)步的方法重新燃烧两次。

(5)待第三次火焰熄灭后，盖好盒盖，立即称干土质量，准确至 0.01 g。

4. 数据处理

同烘干法。

5. 注意事项

用滴管滴入酒精，不得用瓶直接往盒里倒酒精，以防意外。

第二节　界限含水率试验

含水率的变化可使土体处于不同的稠度状态，如流动状态、可塑状态以及半固态、固态。土从一种状态过渡到另一种状态时，其分界点的含水率称为界限含水率。从流动状态向可塑状态过渡的界限含水率称为液限 w_L；从可塑状态向半固状态过渡的界限含水率称为塑限 w_P。土体的液限与塑限之差称为塑性指数，用 I_P 表示。

一、目的与适用范围

(1)本试验的目的是联合测定土的液限和塑限，用于划分土类、计算天然稠度和塑性指数，供公路工程设计和施工使用。

(2)本试验适用于粒径不大于 0.5 mm、有机质含量不大于试样总质量 5%的土。

二、仪器设备

(1) 液塑限联合测定仪(图 3-1),应包括带标尺的圆锥仪、电磁铁、显示屏、控制开关和试验样杯。圆锥质量为 100 g 或 76 g,锥角为 30°。

(2) 盛土杯:内径 50 mm,深度 40～50 mm。

(3) 天平:称量 200 g,感量 0.01 g。

(4) 其他:筛(孔径 0.5 mm)、调土刀、调土皿、称量盒、研钵(附带橡皮头的研杵或橡皮板、木棒)、干燥器、吸管、凡士林等。

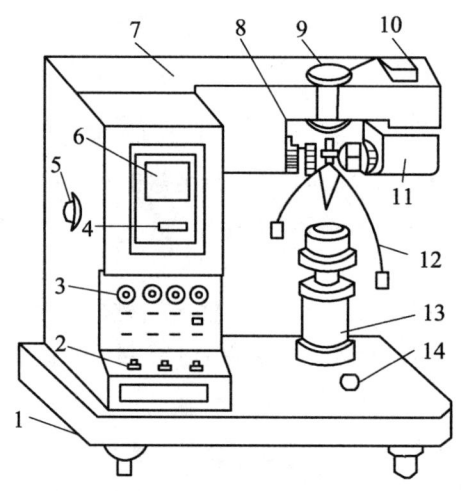

1—水平调节螺丝;2—控制开关;3—指示灯;4—零线调节螺丝;5—反光镜调节螺丝;
6—屏幕;7—机壳;8—物镜调节螺丝;9—电磁装置;10—光源调节螺丝;11—光源;
12—圆锥仪;13—升降台;14—水平泡。

图 3-1 光电式液塑限联合测定仪

三、试验步骤

(1) 取有代表性的天然含水率或风干土样进行试验。如土中含大于 0.5 mm 的土粒或杂物时,应将风干土样用带橡皮头的研杵研碎或用木棒在橡皮板上压碎,过 0.5 mm 的筛。取 0.5 mm 筛下的代表性土样至少 600 g,分开放入 3 个盛土皿中,加不同数量的纯水,土样的含水率分别控制在液限(a 点)、略大于塑限(c 点)和二者的中间状态(b 点)。用调土刀调匀,盖上湿布,放置 18 h 以上。测定 a 点的锥入深度,对于 100 g 锥应为 20 mm±0.2 mm,对于 76 g 锥应为 17 mm±0.2 mm。测定 c 点的锥入深度,对于 100 g 锥应控制在 5 mm 以下,对于 76 g 锥应控制在 2 mm 以下。对于砂类土,用 100 g 锥测定 c 点的锥入深度可大于 5 mm,用 76 g 锥测定 c 点的锥入深度可大于 2 mm。

(2) 将制备的土样充分搅拌均匀,分层装入盛土杯,用力压密,使空气逸出。对于较干的土样,应先充分搓揉,用调土刀反复压实。试杯装满后,刮成与杯边齐平。

(3)当用游标式或百分表式液限塑限联合测定仪试验时,调平仪器,提起锥杆(此时游标或百分表读数为零),锥头上涂少许凡士林。

(4)将装好土样的试杯放在联合测定仪的升降座上,转动升降旋钮,待锥尖与土样表面刚好接触时停止升降,扭动锥下降旋钮。经 5 s 时,锥体停止下落,此时游标读数即为锥入深度 h_1。

(5)改变锥尖与土接触位置(锥尖两次锥入位置距离不小于 1 cm),重复本试验(1)和(4)步骤,得锥入深度 h_1、h_2,允许平行误差为 0.5 mm,否则应重做。取 h_1、h_2 的平均值作为该点的锥入深度 h。

(6)去掉锥尖入土处的凡士林,取 10 g 以上的土样两个,分别装入称量盒内,称质量(准确至 0.01 g),测定其含水率 w_1、w_2(计算到 0.1%)。计算含水率平均值 w。

(7)重复本试验(2)~(6)步骤,对其他两个含水率土样进行试验,测其锥入深度和含水率。

四、数据处理

1. 绘制 h-w 图

(1)在双对数坐标纸上,以含水率 w 为横坐标,锥入深度 h 为纵坐标,点绘 a、b、c 三点含水率的 h-w 图(如图 3-2 所示)。连此三点,应呈一条直线。如三点不在同一直线上,要通过 a 点与 b、c 两点连成两条直线,根据液限(a 点含水率)在 h_P-w_L 图上查得 h_P,以此 h_P 再在 h-w 的 ab 及 ac 两直线上求出相应的两个含水率。当两个含水率的差值小于 2%时,以该两点含水率的平均值与 a 点连成一直线。当两个含水率的差值不小于 2%时,应重做试验。

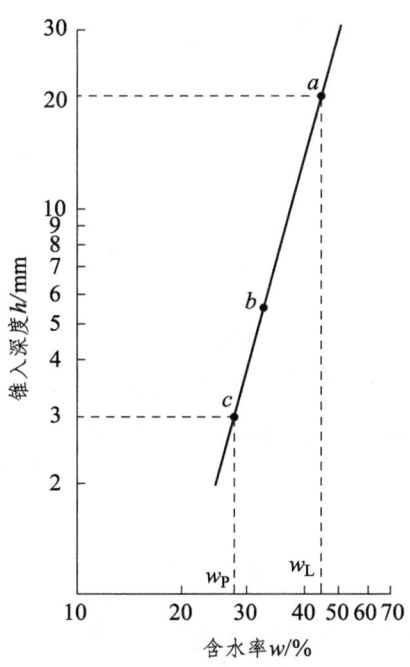

图 3-2 锥入深度与含水率(h-w)关系

2. 液限的确定方法

(1) 若采用 76 g 锥做液限试验，则在 h-w 图上，查得纵坐标入土深度 h=17 mm 所对应的横坐标的含水率 w，即为该土样的液限 w_L。

(2) 若采用 100 g 锥做液限试验，则在 h-w 图上，查得纵坐标入土深度 h=20 mm 所对应的横坐标的含水率 w，即为该土样的液限 w_L。

3. 塑限的确定方法

(1) 根据本试验 2.(1) 方法求出的液限，通过 76 g 锥入土深度 h 与含水率 w 的关系曲线 (图 3-2)，查得锥入土深度为 2 mm 所对应的含水率即为该土样的塑限 w_P。

(2) 根据本试验 2.(2) 方法求出的液限，通过液限 w_L 与塑限时入土深度 h_P 的关系曲线 (图 3-3)，查得 h_P，再由图 3-3 求出入土深度为 h_P 时所对应的含水率，即为该土样的塑限 w_P。查 $h_P - w_L$ 关系图时，须先通过简易鉴别法及筛分法把砂类土与细粒土区别开来，再按这两种土分别采用相应的 $h_P - w_L$ 关系曲线。对于细粒土，用双曲线确定 h_P 值；对于砂类土，则用多项式曲线确定 h_P 值。

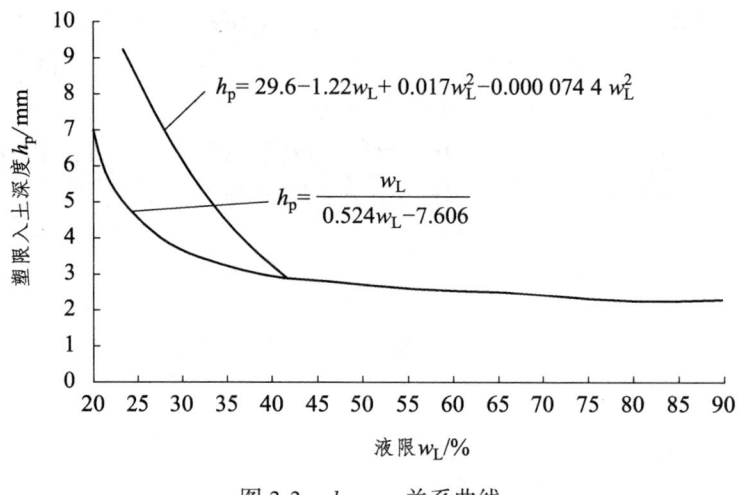

图 3-3 $h_P - w_L$ 关系曲线

若根据本试验 2.(2) 方法求出的液限，当 a 点的锥入深度在 20 mm±0.2 mm 范围内时，应在 ad 线上查得入土深度为 20 mm 处相对应的含水率，此为液限 w_L。再用此液限在"图 3-3 $h_P - w_L$ 关系曲线"上找出与之相对应的塑限入土深度 h'_P，然后到 h-w 图 ad 直线上查得 h'_P 相对应的含水率，此为塑限 w_P。

4. 计算土体塑性指数

按下列公式计算：

$$I_P = w_L - w_P \tag{3-2}$$

五、精度和允许差

本试验应进行两次平行测定,取其算术平均值,以整体(%)表示。误差允许值为:高液限土≤2%、低液限土≤1%,若不满足要求,则应重新试验。取其算术平均值,保留至小数点后一位。

六、注意事项

(1)液塑限联合测定时,土体的含水率均匀及密实与否,对试验精度影响极大。土样制备时,3个土样的含水率不宜十分接近,否则不易控制联合测定曲线的走向,影响测定精度。对试验精度最有影响的是靠近塑限的那个试样,测试时可先将试样充分搓揉,再将土块紧密地压入容器刮平待测。当含水率等于塑限时,对控制曲线走向最有利,但此时试样很难制备,必须充分搓揉,使土的断面上无孔隙存在。

(2)土的塑限 w_p 除按双曲线法确定外,也可近似地按经验确定。方法是根据土体类型,对黏性土、粉质土取入土深度为 2.4 mm,对可搓成条的砂性土取入土深度为 5 mm,对难以搓成条的砂性土取入土深度为 10 mm 时在 h-w 图上所对应的含水率,即为土样的塑限 w_L。

第三节 颗粒分析试验

土粒的大小称为粒度,是描述土最直观和最简单的标准。常用的分析方法有两种:对于大于 0.075 mm 的土粒常采用筛分法,而对于小于 0.075 mm 的土粒则用沉降分析法。本书介绍筛分法。

一、目的与适用范围

目的是获得粗粒土的颗粒级配。筛分法适用于分析粒径范围为 0.075~60 mm 的土粒粒组含量和级配组成。

二、仪器设备

(1)标准筛:粗筛(圆孔)孔径为 60 mm、40 mm、20 mm、10 mm、5 mm、2 mm;细筛孔径为 2.0 mm、1.0 mm、0.5 mm、0.25 mm、0.075 mm。

(2)天平:称量 5 000 g,感量 5 g;称量 1 000 g,感量 1 g;称量 200 g,感量 0.2 g。

(3)摇筛机。

(4)其他:烘箱、筛刷、烧杯、木碾、研钵及杵等。

(5)从风干、松散的土样中,用四分法按照下列规定取出具有代表性的试样:

①小于 2 mm 颗粒的土 100~300 g。

②最大粒径小于 10 mm 的土 300~900 g。
③最大粒径小于 20 mm 的土 1 000~2 000 g。
④最大粒径小于 40 mm 的土 2 000~4 000 g。
⑤最大粒径大于 40 mm 的土 4 000 g 以上。

三、试验步骤

1. 对于无凝聚性的土

(1)按规定称取试样，将试样分批过 2 mm 筛。

(2)将大于 2 mm 的试样按从大到小的次序，通过大于 2 mm 的各级粗筛。将存留在筛上的土分别称重。

(3)如 2 mm 筛下的土数量过多，可用四分法缩分至 100~800 g，并针对 2 mm 以下部分做进一步筛分。可用摇筛机进行振摇，振摇时间一般为 10~15 min。

(4)由最大孔径的筛开始，顺序将各筛取下，在白纸上用于轻叩摇晃，至每分钟筛下数量不大于该级筛余质量的 1%为止。漏下的土粒应全部放入下一级筛内，并将留在各筛上的土样用软毛刷刷净，分别称量。

(5)筛后各级筛上和筛底土总质量与筛前试样质量之差，不应大于 1%。

(6)如 2 mm 筛下的土不超过试样总质量的 10%，可省略细筛分析；如 2 mm 筛上的土不超过试样总质量的 10%，可省略粗筛分析。

2. 对于含有黏土粒的砂砾土

(1)将土样放在橡皮板上，用木碾将黏结的土团充分碾散，拌匀、烘干、称量。如土样过多时，用四分法称取代表性土样。

(2)将试样置于盛有清水的瓷盆中，浸泡并搅拌，使粗细颗粒分散。

(3)将浸润后的混合液过 2 mm 筛，边冲边洗过筛，直至筛上仅留大于 2 mm 以上的土粒为止。然后，将筛上洗净的砂砾风干称量。按以上方法进行粗筛分析。

(4)通过 2 mm 筛下的混合液存放在盆中，待稍沉淀，将上部悬液过 0.075 mm 洗筛，用带橡皮头的玻璃棒研磨盆内浆液，再加清水、搅拌、研磨、静置、过筛，反复进行，直至盆内悬液澄清，最后，将全部土粒倒在 0.075 mm 筛上，用水冲洗，直到筛上仅留大于 0.075 mm 净砂为止。

(5)将大于 0.075 mm 的净砂烘干称量，并进行细筛分析。

(6)将大于 2 mm 的颗粒及 2~0.075 mm 的颗粒质量从原称量的总质量中减去，即为小于 0.075 mm 颗粒质量。

(7)如果小于 0.075 mm 颗粒质量超过总土质量的 10%，有必要时，将这部分土烘干、取样，另做密度计或移液管分析。

四、数据处理

(1)按式(3-3)计算小于某粒径颗粒质量百分数：

$$X = \frac{A}{B} \times 100 \tag{3-3}$$

式中　X——小于某粒径颗粒的质量百分数(%)，计算至 0.01；
　　　A——小于某粒径的颗粒质量(g)；
　　　B——试样的总质量(g)。

(2)当小于 2 mm 的颗粒如用四分法缩分取样时，按式(3-4)计算试样中小于某粒径的颗粒质量占总土质量的百分数：

$$X = \frac{a}{b} \cdot p \times 100 \tag{3-4}$$

式中　X——小于某粒径颗粒的质量百分数(%)，计算至 0.01；
　　　a——通过 2 mm 筛的试样中小于某粒径的颗粒质量(g)；
　　　b——通过 2 mm 筛的土样中所取试样的质量(g)；
　　　p——粒径小于 2 mm 的颗粒质量百分数(%)。

(3)在半对数坐标纸上，以小于某粒径的颗粒质量百分数为纵坐标，以粒径(mm)为横坐标，绘制颗粒大小级配曲线，求出各粒组的颗粒质量百分数，以整数(%)表示。

(4)必要时按式(3-5)、(3-6)计算不均匀系数 C_u 和曲率系数 C_c：

$$C_u = \frac{d_{60}}{d_{10}} \tag{3-5}$$

$$C_c = \frac{d_{30}^2}{d_{10} \times d_{60}} \tag{3-6}$$

式中　C_u——不均匀系数，计算至 0.1 且含两位以上有效数字；
　　　d_{10}，d_{30}，d_{60}——相当于累计百分含量为 10%、30% 和 60% 的粒径，其中 d_{10} 称为有效粒径，d_{60} 称为限制粒径。

(5)精度和允许差：筛后各级筛上和筛底土总质量与筛前试样质量之差，不应大于 1%。

第四节　土的标准击实试验

标准击实试验的目的是求得土样的最大干密度和最佳含水量。最大干密度表示在一定击实功下某土样所能达到的干密度最大值，而达到最大干密度所对应的含水量即为某土样的最佳含水量。

击实试验的原理：击实是指采用人工或机械对土施加夯压能量(如打夯、碾压、振动碾压等方式)，使土颗粒重新排列紧密，其中粗粒土因颗粒的紧密排列，增强了颗粒表面摩擦力和颗粒之间嵌挤形成的咬合力，细粒土则因为颗粒间的靠紧而增强了颗粒间的分子引力，从而使土在短时间内得到新的结构强度。

试验方法：研究土的压实性常用的方法包括现场填筑试验和室内击实试验两种。本书介绍室内击实试验。

一、目的与适用范围

本试验分轻型击实和重型击实。应根据工程要求和试样最大粒径按表 3-3 选用击实试验方法。当土粒粒径大于 40 mm 的颗粒含量大于 5%且不大于 30%时,应对试验结果进行校正。土粒粒径大于 40 mm 的颗粒含量大于 30%时,按表面振动压实仪法进行试验。

表 3-3 击实试验方法类型

试验方法	类别	锤底直径/cm	锤质量/kg	落高/cm	试筒尺寸			层数	每层击数	击实功/(kJ/m³)	最大粒径/mm
					内径/cm	高/cm	容积/cm³				
轻型 Ⅰ	Ⅰ-1	5	2.5	30	10.0	12.7	997	3	27	598.2	20
	Ⅰ-2	5	2.5	30	15.2	17.0	2 177	3	59	598.2	40
重型 Ⅱ	Ⅱ-1	5	4.5	45	10.0	12.7	997	5	27	2 687.0	20
	Ⅱ-2	5	4.5	45	15.2	17.0	2 177	3	98	2 677.2	40

二、仪器设备

(1)标准击实仪如图 3-4、3-5,主要部件由击实筒、击锤和导杆组成。击实试验方法和相应设备的主要参数应符合表 3-3 的规定。

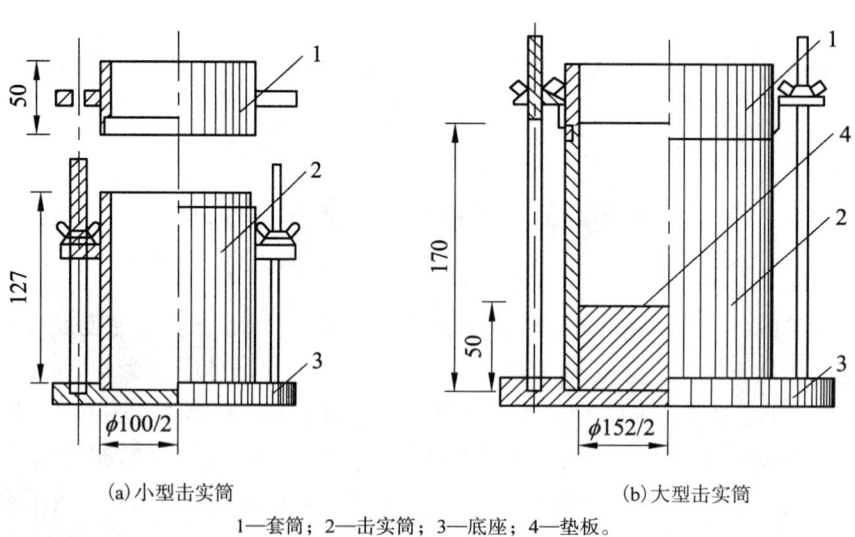

(a)小型击实筒　　　　　　(b)大型击实筒

1—套筒;2—击实筒;3—底座;4—垫板。

图 3-4 击实筒(单位:mm)

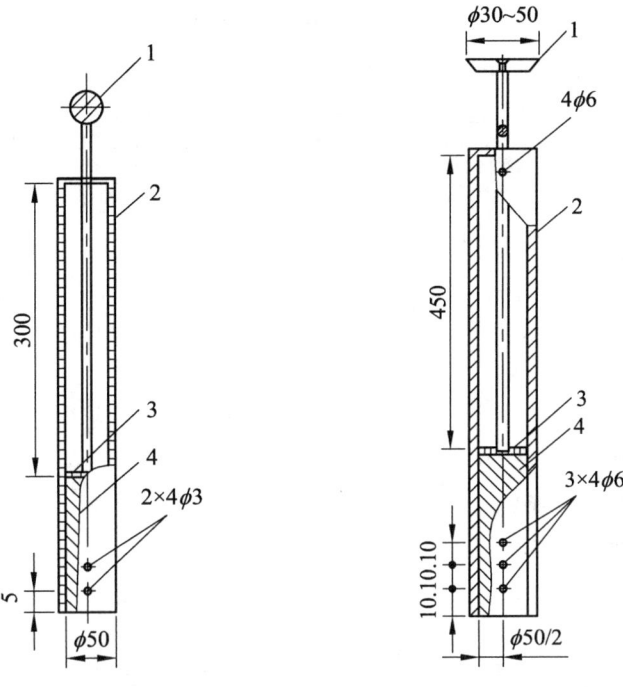

(a) 2.5 kg 击锤(落高 30 cm)　　(b) 4.5 kg 击锤(落高 45 cm)
1—提手；2—导筒；3—硬橡皮垫；4—击锤。

图 3-5　击锤和导杆(单位：mm)

(2) 烘箱及干燥器。
(3) 电子天平：称量 2 000 g，感量 0.01；称量 10 kg，感量 5 g。
(4) 圆孔筛：孔径 40 mm、20 mm 和 5 mm 各 1 个。
(5) 拌和工具：400 mm×600 mm、深 70 mm 的金属盘、土铲。
(6) 其他：喷水设备、碾土器、盛土盘、量筒、推土器、铝盒、削土刀、平直尺等。

三、试样准备

(1) 本试验可分别采用不同的方法准备试样，各方法可按表 3-4 准备试料，击实试验后的试料不宜重复使用。

表 3-4　试料用量

使用方法	试筒内径/cm	最大粒径/mm	试料用量
干土法	10.0	20	至少 5 个试样，每个 3 kg
	15.2	40	至少 5 个试样，每个 6 kg
湿土法	10.0	20	至少 5 个试样，每个 3 kg
	15.2	40	至少 5 个试样，每个 6 kg

(2)干土法(土不重复使用)。按四分法至少准备 5 个试样,分别加入不同水(按 2%~3%含水率递增),将土样拌和均匀,拌匀后闷料一夜备用。

(3)湿土法(土不重复使用)。对于高含水率土,可省略过筛步骤,拣除大于 40 mm 的石子。保持天然含水率的第一个土样,可立即用于击实试验。其余几个试样,将土分成小土块,分别风干,使含水率按 2%~4%递减。

(4)对于干土法和湿土法(土不重复使用),准备 5 个试样的含水率,其中两个大于和两个小于最佳含水率,所需加水量按式(3-7)计算。

$$m_w = \frac{m_i}{1+0.01w_i} \times 0.01(w - w_i) \tag{3-7}$$

式中 m_w——所需的加水量(g);

m_i——含水量 w_i 时土样的质量(g);

w_i——土样原有含水率(g);

w——要求达到的含水率(g)。

四、试验步骤

(1)根据土的性质和工程要求,按表 3-3 规定选择轻型或重型试验方法,选用干土法或湿土法。

(2)称取试筒质量 m_1,准确至 1 g。将击实筒放在坚硬的地面上,在筒壁上抹一薄层凡士林,并在筒底(小试筒)或垫块(大试筒)上放置蜡纸或塑料薄膜。取制备好的土样分 3~5 次倒入筒内。小筒按三层法时,每次 800~900 g(其量应使击实后的试样等于或略高于筒高的 1/3);按五层法时,每次 400~500 g(其量应使击实后的土样等于或略高于筒高的 1/5)。对于大试筒,先将垫块放入筒内底板上,按三层法,每层需试样 1 700 g 左右。整平表面,并稍加压紧,然后按规定的击数进行第一层土的击实,击实时击锤应自由垂直落下,锤迹必须均匀分布于土样面,第一层击实完后,将试样层面"拉毛"然后再装入套筒,重复上述方法进行其余各层土的击实。小试筒击实后,试样不应高出筒顶面 5 mm;大试筒击实后,试样不应高出筒顶面 6 mm。

(3)用削土刀沿套筒内壁削刮,使试样与套筒脱离后,扭动并取下套筒,齐筒顶细心削平试样,拆除底板,擦净筒外壁,称筒与土的总质量 m_2,准确至 1 g。

(4)用推土器推出筒内试样,从试样中心处取代表性的土样测其含水率,计算至 0.1%。测定含水率用试样的数量符合表 3-5 的规定。

表 3-5 含水率用试样的数量

最大粒径/mm	试样质量/g	个 数
<5	约 100	2
约 5	约 200	1
约 20	约 400	1
约 40	约 800	1

五、结果整理

(1)按下式计算击实后各点的干密度:

$$\rho_d = \frac{\rho}{1+0.01w} \tag{3-8}$$

式中　ρ_d——干密度,计算至 0.01 g/cm³;

　　　ρ——湿密度(g/cm³);

　　　w——含水率(%)。

(2)以干密度为纵坐标,含水率为横坐标,绘制干密度与含水率的关系曲线,曲线上峰值点的纵、横坐标分别为最大干密度和最佳含水率。如曲线不能绘出明显的峰值点,应进行补点或重做。

(3)当试样中有大于 40 mm 颗粒时,应先取出大于 40 mm 颗粒,并求得其百分率 p,把小于 40 mm 部分做击实试验,按下面公式分别对试验所得的最大干密度和最佳含水率进行校正(适用于大于 40 mm 颗粒的含量小于 30%时)。

①最大干密度按下式校正:

$$\rho'_{dmax} = \frac{1}{\frac{(1-0.01p)}{\rho_{dmax}} + \frac{0.01p}{\rho_w G'_s}} \tag{3-9}$$

式中　ρ'_{dmax}——校正后的最大干密度,计算至 0.01 g/cm³;

　　　ρ_{dmax}——用粒径小于 40 mm 的土样试验所得的最大干密度(g/cm³);

　　　p——试料中粒径大于 40 mm 颗粒的百分率(%);

　　　G'_s——粒径大于 40 mm 颗粒的毛体积相对密度,计算至 0.01。

②最佳含水率按下式校正:

$$w'_0 = w_0(1-0.01p) + 0.01pw_2 \tag{3-10}$$

式中　w'_0——校正后的最佳含水率,计算至 0.1%;

　　　w_0——用粒径小于 40 mm 的土样试验所得的最佳含水率(%);

　　　w_2——粒径大于 40 mm 颗粒的吸水量(%)。

(4)精度与允许差:

最大干密度精确至 0.01 g/cm³;最佳含水率精确至 0.1%。

第五节　承载比(CBR)试验

CBR(California Bearing Ratio 的缩写)又称加州承载比,是指试料贯入量达 2.5 mm 或 5 mm 时,单位压力对标准碎石压入相同贯入量时标准荷载强度(7 MPa 或 10.5 MPa)的比值,用百分数表示。

CBR 是路基土和路面材料的强度指标,在我国的路面设计中,以路基土和路面材料的回弹模量值作为设计参数,但在路基施工规范中仍将 CBR 作为一项重要的力学指标。要求路基填料最小强度见表 3-6 所示。

表 3-6 路基填料最小强度要求

路基部位		路面底面以下深度/m	填料最小强度(CBR)/%		
			高速公路、一级公路	二级公路	三、四级公路
上路床		0～0.3	8	6	5
下路床	轻、中及重交通	0.3～0.8	5	4	3
	特重、极重交通	0.3～1.2	5	4	—
上路堤	轻、中及重交通	0.8～1.5	4	3	3
	特重、极重交通	1.2～1.9	4	3	—
下路堤	轻、中及重交通	1.5 以下	3	2	2
	特重、极重交通	1.9 以下			

注：①表列强度按《公路土工试验规程》(JTJ 051)规定的浸水 96 h 的 CBR 试验方法测定。
②三、四级公路铺筑沥青混凝土和水泥混凝土路面时，应采用二级公路的规定。

试验原理：试验时，按路基施工时的最佳含水量及压实度要求在试桶内制备试件。为了模拟材料在使用过程中的最不利状态，加载前饱水 4 昼夜，在浸水过程中及贯入试验时，在试件顶面施加荷载板以模拟路面结构对土基的附加应力；贯入试验中，材料的承载能力越高，对其压入一定贯入深度所需施加的荷载越大。

一、目的与适用范围

本方法只适用于在规定的试筒内制件后，对各种土和路面基层、底基层材料进行承载比试验。试样的最大粒径宜控制在 20 mm 以内，最大不得超过 40 mm 且含量不超过 5%。

二、仪器设备

(1)圆孔筛：孔径 40 mm、20 mm 及 5 mm 筛各 1 个。

(2)试筒：内径 152 mm、高 170 mm 的金属圆筒；套环，高 50 mm；筒内垫块，直径 151 mm，高 50 mm；夯击底板，同击实仪。试筒的形式和主要尺寸如图 3-6 所示，也可用(T 0131—2007)击实试验的大击实筒。

(3)夯锤和导管：夯锤的底面直径 50 mm，总质量 4.5 kg。夯锤在导管内的总行程为 450 mm，夯锤的形式和尺寸与重型击实试验法所用的相同。

(4)贯入杆：端面直径 50 mm、长约 100 mm 的金属柱。

(5)路面材料强度仪或其他荷载装置：能量不小于 50 kN，能调节贯入速度至每分钟贯入 1 mm，可采用测力计式，如图 3-7 所示。

(6)百分表：3 个。

(7)试件顶面上的多孔板(测试件吸水时的膨胀量),如图 3-8 所示。

(8)多孔底板(试件放上后浸泡水中)。

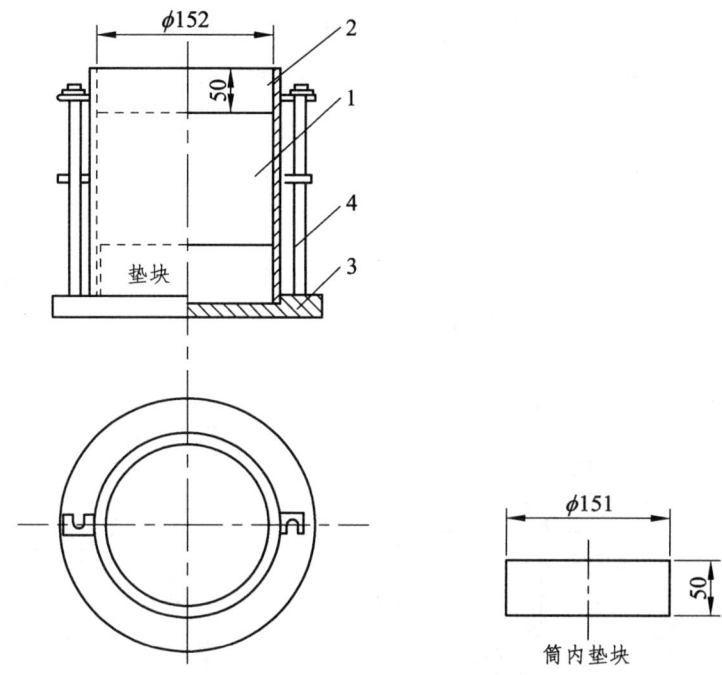

1—试筒;2—套环;3—夯基底板;4—拉杆。

图 3-6　承载比试筒

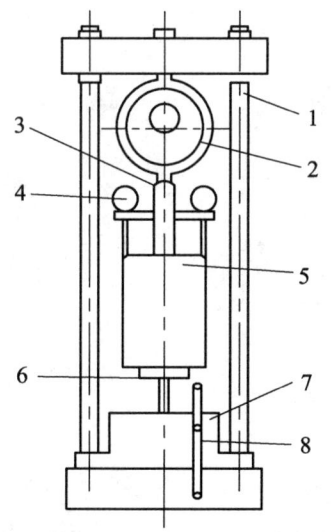

1—框架;2—测力环;3—贯入杆;4—百分表;
5—试件;6—升降台;7—蜗轮蜗杆箱;8—摇柄。

图 3-7　手摇测力计式荷载装置

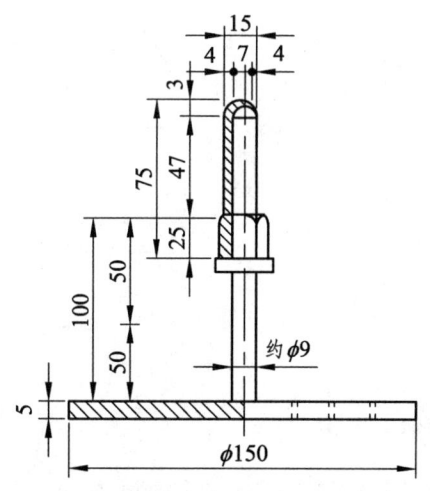

图 3-8　带调节杆的多孔板

(9)测膨胀量时支承百分表的架子,如图3-9所示。或采用压力传感器测试。

(10)荷载板:直径150 mm,中心孔眼直径52 mm,每块质量1.25 kg,共4块,并沿直径分为两个半圆块,如图3-10所示。

(11)水槽:浸泡试件用,槽内水面应高出试件顶面25 mm。

(12)天平:称量2 000 g,感量0.01 g;称量50 kg,感量5 g。

(13)其他:拌和盘、直尺、滤纸、脱模器等与击实实验相同。

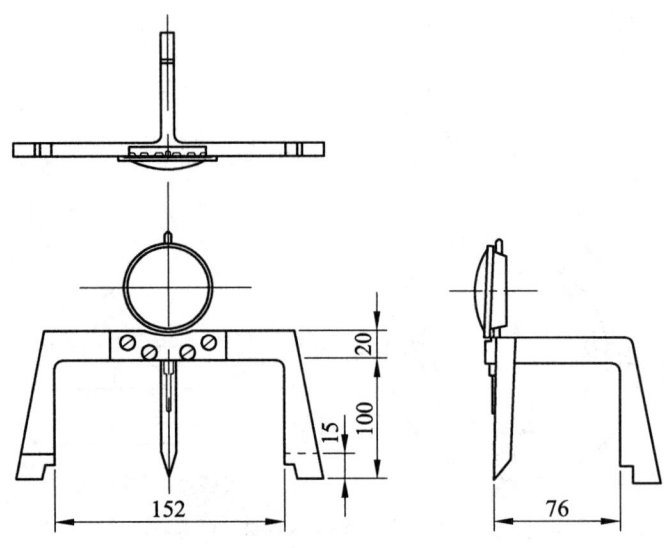

图3-9 膨胀量测定装置

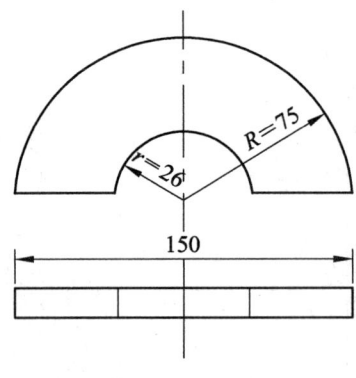

图3-10 荷载板

三、试料准备

将具有代表性的风干试料(必要时可在50℃烘箱内烘干),用木碾捣碎,但应尽量注意不使土或粒料的单个颗粒破碎。土团均应捣碎到通过5 mm的筛孔。

采取有代表性的试料50 kg,用40 mm筛筛除大于40 mm的颗粒,并记录超尺寸颗粒的百分数。将已过筛的试料按四分法取出约25 kg。再用四分法将取出的试料分成4份,每份质量6 kg,

供击实试验和制试件之用。按照击实试验方法确定试料的最大干密度和最佳含水率。

四、试验步骤

(1) 在预定做击实试验的前一天，取有代表性的试料测定其风干含水率。按最佳含水率制备 3 个试件，掺水将试料充分拌匀后装入密闭容器或塑料口袋内浸润。浸润时间：黏性土不得小于 24 h，粉性土可缩短到 12 h，砂土可缩短到 6 h，天然砂砾可缩短到 2 h 左右。

注：①需要时，可制备 3 种干密度试件，使试件的干密度控制在最大干密度的 90%～100% 之间。如每种干密度试件制 3 个，则共制 9 个试件，9 个试件共需试样约 55 kg。②采用击实成型试件时，每层击数一般分别为 30 次、50 次和 98 次。③采用静压成型制件时，根据确定的压实度计算所需的试样量。

(2) 称试筒本身质量(m_1)，将试筒固定在底板上，将垫块放入筒内，并在垫块上放一张滤纸，安上套环。

(3) 取备好的试样分 3 次倒入筒内(每层一般需试样 1 500～1 750 g，其量应使击实后的试样高出 1/3 筒高 1～2 mm)。整平表面，并稍加压紧，然后按规定的击数进行第一层试样的击实，击实时锤应自由垂直落下，锤迹必须均匀分布于试样面上。第一层击实完后，将试样层面"拉毛"，然后再装入套筒，重复上述方法进行其余每层试样的击实。大试筒击实后，试样不宜高出筒高 10 mm。

(4) 每击实 3 筒试件，取代表性试样进行含水率试验。

(5) 卸下套环，用直刮刀沿试筒顶修平击实的试件，表面不平整处用细料修补。取出垫块，称试筒和试件的质量(m_2)。

(6) CBR 试样制件采用静压成型制件时，根据确定的压实度计算所需的试样量，一次静压成型。

(7) 泡水测膨胀量的步骤如下：

①在试件制成后，取下试件顶面的破残滤纸，放一张好滤纸，并在其上安装附有调节杆的多孔板，在多孔板上加 4 块荷载板。

②将试筒与多孔板一起放入槽内(先不放水)，并用拉杆将模具拉紧，安装百分表，并读取初读数。

③向水槽内注水，使水漫过试筒顶部。在泡水期间，槽内水面应保持在试筒顶面以上约 25 mm。通常试件要泡水 4 昼夜。

④泡水终了时，读取试件上百分表的终读数，并用下式计算膨胀率：

$$\delta_e = \frac{H_1 - H_0}{H_0} \times 100 \tag{3-11}$$

式中 δ_e——试件泡水后的膨胀率，计算至 0.1%；

H_1——试件泡水终了的高度(mm)；

H_0——试件初始高度(mm)。

⑤从水槽中取出试件，倒出试件顶面的水，静置 15 min，让其排水，然后卸去附加荷载和多孔板、底板和滤纸，并称量(m_3)，以计算试件的湿度和密度的变化。

五、贯入试验

(1)应选用合适吨位的测力环，贯入结束时测力环读数宜占其量程的 1/3 以上。

(2)将泡水试验终了的试件放到路面材料强度试验仪的升降台上，调整偏球座，对准、整平并使贯入杆与试件顶面全面接触，在贯入杆周围放置 4 块荷载板。

(3)先在贯入杆上施加少许荷载，以便试样与土样紧密接触，然后将测力和测变形的百分表的指针均调整至整数，并记读初始读数。

(4)加荷使贯入杆以 1～1.25 mm/min 的速度压入试件，同时测记 3 个百分表的读数。记录测力计内百分表某些整读数（如 20、40、60）时的贯入量，并注意使贯入量为 250×10^{-2} mm 时，能有 5 个以上的读数。因此，测力计内的第一个读数应是贯入量 30×10^{-2} mm 左右。

六、结果整理

(1)以单位压力(p)为横坐标，贯入量(l)为纵坐标，绘制 $p\text{-}l$ 关系曲线，如图 3-11 所示。图上曲线 1 是合适的。曲线 2 开始段是凹曲线，需要进行修正。修正时在变曲率点引一切线，与纵坐标交于 O' 点，O' 即为修正后的原点。

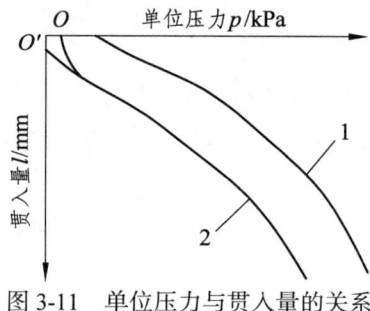

图 3-11　单位压力与贯入量的关系

(2)根据下列公式分别计算贯入量为 2.5 mm 和 5 mm 时的承载比（CBR）。

$$\mathrm{CBR} = \frac{p}{7\,000} \times 100 \tag{3-12}$$

$$\mathrm{CBR} = \frac{p}{10\,500} \times 100 \tag{3-13}$$

式中　CBR——承载比(%)，计算至 0.1%；

　　　p——单位压力(kPa)。

取两者的较大值作为该材料的承载比（CBR）。

(3)试件的湿密度用下式计算：

$$\rho = \frac{m_2 - m_1}{2\,177} \tag{3-14}$$

式中　ρ——试件的湿密度(g/cm³)，计算至 0.01；

　　　m_2——试筒和试件的合质量(g)；

　　　m_1——试筒的质量(g)；

2 177——试筒的容积(cm^3)。

(4)试件的干密度用下式计算：

$$\rho_d = \frac{\rho}{1+0.01w} \tag{3-15}$$

式中　ρ_d——试件的干密度(g/cm^3)，计算至 0.01；
　　　w——试件的含水率(%)。

(5)泡水后试件的吸水量按下式计算：

$$w_a = m_3 - m_2 \tag{3-16}$$

式中　w_a——泡水后试件的吸水量(g)；
　　　m_3——泡水后试筒和试件的合质量(g)；
　　　m_2——试筒和试件的合质量(g)。

(6)精密度和允许差：

计算 3 个平行试验的承载比变异系数 C_v。如 C_v 大于 12%，则取 3 个结果的平均值；如 C_v 大于 12%，则去掉一个偏离大的值，取其余两个结果的平均值。

CBR 值(%)与膨胀量(%)取小数点后一位。

第六节　平板荷载试验

一、试验目的

荷载试验是在原位条件下，向真型或缩尺模型基础加荷，并观测地基(或基础)随时间而发展变形的一项原位测试方法。该试验是确定天然地基、复合地基、桩基础承载力和变形特性参数的综合性测试手段，也是确定某些特殊性土特征指标的有效方法。

二、试验仪器

(1)承压板：钢质承压板，厚度不小于 20 mm，面积不小于 0.1 m^2(实验室由于加荷条件有限，采用直径为 30 cm 的圆板)。

(2)手动或液压千斤顶、拉压测力计、应变仪、百分表或位移传感器、反力架、表架、天平、环刀、烘箱、试验槽、土样等。

三、试验步骤

1. 准备工作

(1)试验前应对仪器设备进行标定。熟悉国标《岩土工程勘测规范》《建筑地基基础设计规范》，部标有《土工试验规程》《公路工程地质勘察规范》《岩土静力载荷试验规程》等规范。

(2) 试坑宽度应不小于承压板宽度或直径的 3 倍。

(3) 承压板尺寸应根据土体情况选用，一般可参照下面经验值选用：对于一般黏土地基，0.25~0.5 m²；对碎石类土地基，承压板直径（或宽度）为最大碎石直径的 10~20 倍；对岩石类或密实砂土可以取 0.1 m²。

2. 加荷装置

加荷装置一般可分为千斤顶加荷装置和重物加荷装置两种。

3. 设备安装

设备安装可以参照图 3-12 所示，应自下而上进行。试验点地基应尽量平整，若不平，一般可以铺 1~2 cm 的中粗砂。

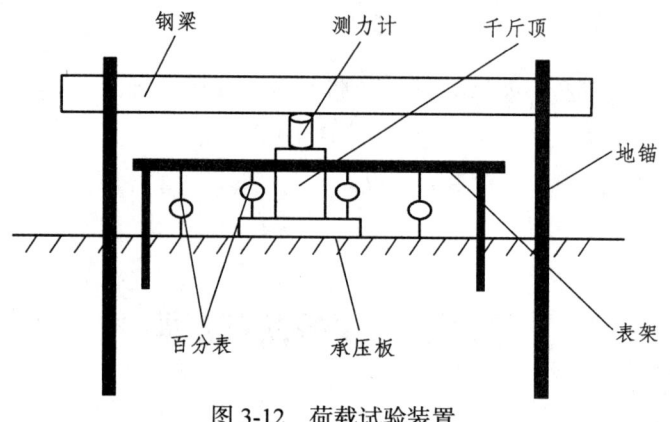

图 3-12　荷载试验装置

4. 加荷方式

加荷方式有慢速法、快速法和等沉降速率法，本试验采用快速法。

5. 加荷等级

荷载应按等量分级施加，每级荷载增量应取试验土层预估极限荷载的 1/8~1/10，当不易预估时，可参考表 3-7 选用。

表 3-7　荷载增量参考表

试验土层特征	每级荷载增量/kPa
软塑黏土；稍密砂土	15~25
可塑—硬塑黏性土、粉土；中密砂土	25~50
坚硬黏性土、粉土；密实砂土	50~100

6. 沉降稳定标准

施加每一级荷载后都要按一定的时间间隔记录沉降读数，开始应 5~15 min 读数一次，1 h 后可放宽到 30~60 min 读一次，当连续 2 h 观测沉降量不大于 0.1 mm/h 时，可以认为该级已基本稳定，可加下一级荷载（由于学生试验时间有限，每一级加荷以固定时间为准）。

7. 试验终止条件

一般以地基破坏为试验终止条件，具体可按如下现象进行判断：

(1) 承压板周围土体明显隆起、侧向挤出或出现破坏性裂纹。

(2) 荷载增加不多，但沉降急剧增加。

(3) 荷载不变，24 h 内沉降随时间等速或加速发展。

四、成果整理

1. 绘制 p-s 曲线图

根据荷载试验沉降观测原始记录，绘制 p-s 曲线图。

2. 确定地基土的承载力

(1) 拐点法：如果 p-s 曲线图上拐点明显，直接确定该拐点为比例界限压力 p_0，并取该比例界限压力为地基土的承载力基本值。

(2) 极限荷载法：先确定极限荷载 p_u（当满足试验终止条件中的任一条时，则对应的前一级荷载即可判定为极限压力 p_u），当极限压力 p_u 小于对应的比例界限压力的 2 倍时，取极限压力的一半为地基承载力基本值。

(3) 相对沉降法：若 p-s 曲线没有明显拐点，可取对应某一沉降量值（即 s/b，b 为承压板直径或边长）的压力为地基承载力的基本值，一般 s/b 取 0.01~0.015。

3. 计算地基变形模量

对于圆板，按下式计算：

$$E_0 = \frac{0.79 pb(1-2\mu)}{s} \tag{3-17}$$

式中　E_0——地基土的变形模量（kPa）；

　　　p——直线段上的荷载强度（kPa）；

　　　b——承压板直径或边长（mm）；

　　　μ——泊松比（碎石土取 0.25，砂土取 0.3，黏土取 0.4）；

　　　s——荷载强度 p 所对应的沉降量（mm）。

4. 记录表格

见试验报告。

五、注意事项

(1) 仪器安装一定要仔细，千斤顶、测力计、承压板等一定要在一条轴线上。

(2) 加压时一定要均匀，避免用力过猛；加压过程中要随时观察，有无倾斜过大、地锚拔出等现象。

(3) 不要超负荷加压，以免损坏仪器；有问题应及时找指导老师解决。

(4) 注意试验过程中的安全。

第七节 直接剪切试验

一、试验目的

测定土的抗剪强度指标 φ 和 c,土的抗剪强度是指土体对于外荷载所产生的剪应力的极限抵抗能力。通常采用不少于 3 个试样,分别在不同的垂直压力下,施加水平剪切力,测得试样破坏时的剪应力,然后根据库仑定律确定土的抗剪强度参数内摩擦角 φ 和黏聚力 c。

二、试验方法

快剪试验:在试样上施加垂直压力后立即快速施加水平剪应力。
固结快剪试验:在试样上施加垂直压力,待试样排水固结稳定后,快速施加水平剪应力。
慢剪试验:在试样上施加垂直压力及水平剪应力的过程中,均使试样排水固结。
本试验采用快剪试验。

三、仪器设备

应变式直剪仪(如图 3-13)、环刀、测微表、秒表、天平、烘箱、蜡纸、修土刀等。

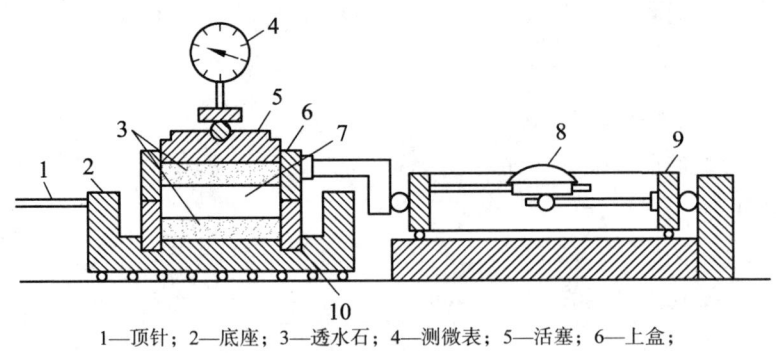

1—顶针;2—底座;3—透水石;4—测微表;5—活塞;6—上盒;
7—土样;8—测微表;9—量力环;10—下盒。

图 3-13 应变控制式直剪仪

四、试验步骤

(1)用环刀切取 3~4 个试样备用,并测相应的含水量和密度。
(2)安装好剪切盒,插入销钉,在下盒透水石上放一张蜡纸。
(3)将带试样的环刀平口向下,对准上盒盒口放好,在试样上面顺序放蜡纸和透水石,然后用将试样平稳推入剪切盒中,移去环刀,放上加压盖。

(4)本试验的加荷顺序为 100, 200, 300 或 400 kPa。

(5)按顺时针方向徐徐转动手轮至上盒前端的钢珠刚好与量力环接触(即量力环内的测微计指针刚好开始移动),调整测微计读数为零。

(6)拔去销钉,开动秒表,以每分钟 4~12 转的均匀速率转动手轮(本试验以每分钟 6 转为宜),转动过程中不应中途停顿或时快时慢;使试样在 3~5 min 内剪损,手轮每转一圈应测记测微表读数一次,直至量力环的测微表指针不再前进或有后退,即说明试样已剪损;如测微表指针一直缓慢前进,说明不出现峰值,则破坏以变形控制进行到剪切变形达 5 mm 时为止。

注:手轮每转一圈推进下盒 0.2 mm。

(7)剪切结束后,倒转手轮,顺序去掉荷载、加压框架、加压盖与上盒,取出试样。

(8)重复上述步骤,做其他各垂直压力下的剪切试验。

(9)全部做完后,取下土样,把仪器打扫干净。

五、成果整理

(1)按下式计算剪应力:

$$\tau = C_1 \times R \tag{3-18}$$

式中 τ —— 剪应力(kPa);

C_1 —— 量力环校正系数(kPa/0.01 mm);

R —— 量力环中测微表读数(0.01 mm)。

(2)按下式计算剪切位移:

$$L = 20 \times n - R \tag{3-19}$$

式中 L —— 剪切位移(0.01 mm);

n —— 手轮转数;

R —— 量力环中测微表读数(0.01 mm)。

(3)以剪应力 τ 为纵坐标,剪切位移 L 为横坐标,绘制剪应力 τ 与剪切位移 L 关系曲线(τ-L 关系曲线,如图 3-14);以剪应力 τ 为纵坐标,垂直压应力 p 为横坐标(注意纵、横坐标比例尺应一致),绘制剪应力 τ 与垂直压应力 p 的关系曲线(τ-p 关系曲线,如图 3-15),该直线的倾角即为土的内摩擦角 φ(°),该直线在纵坐标上的截距即为土的黏聚力 C(kPa)。

(4)记录表格见试验报告。

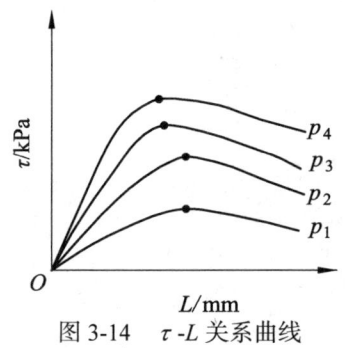

图 3-14 τ-L 关系曲线

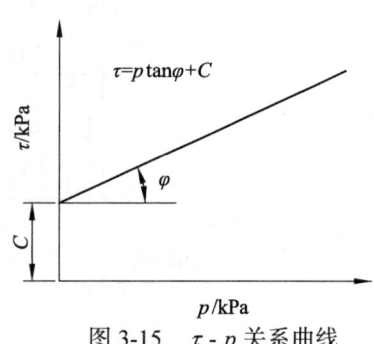

图 3-15 τ-p 关系曲线

六、注意事项

(1) 开始剪切时，一定要切记拔掉销钉，否则试样报废，而且会损坏仪器，若销钉弹出，还有伤人的危险。

(2) 加荷时应轻拿轻放，避免冲击、震动。

(3) 摇动手轮时应尽量做到匀速连续转动，切不可中途停顿。

第八节 固结试验

一、试验目的

本试验的目的是测定试样在侧限与轴向排水条件下，变形和压力或孔隙比和压力的关系，绘制压缩曲线，以便计算土的压缩系数 a、压缩模量 E_s 等指标，通过各项压缩性指标，可以分析、判断土的压缩特性和天然土层的固结状态，计算土工建筑物及地基的沉降等。

二、试验方法

试验方法有标准法和快速法。根据学生试验的实际情况，本试验采用近似的快速法。

三、仪器设备

固结仪（如图 3-16）、环刀（面积 50 cm²，高 2 cm）、天平、测微表、精度、秒表、烘箱、修土刀、称量盒、滤纸等。

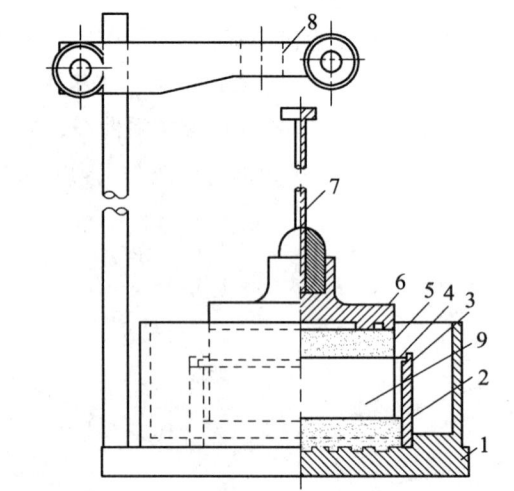

1—固结容器；2—下护环；3—环刀；4—上护环；5—透水石；
6—加压盖；7—量表套杆；8—量表架；9—试样。

图 3-16 固结仪

四、试验步骤

(1) 根据工程要求,用环刀(50 cm³)切取试样备用,并测出土样的密度、含水量和相对密度(参见前面含水量一节的试验成果)。

(2) 把下护环和大的透水石放入固结容器,并放上一张滤纸。

(3) 将带有环刀的试样,刃口向下小心地装入压缩容器的下护环内。

(4) 再套入上护环,放上滤纸和稍小的透水石,最后放上加压盖。

(5) 轻轻抬起杠杆,将装好试样的压缩容器放在加压台的正中,使加压横梁的凹槽与加压盖的钢珠紧密结合,然后装上测微表(百分表),并预调百分表超过 6 mm,并检查表是否灵敏和垂直。

(6) 在砝码吊盘上加相当于试样受压约为 1 kPa 的预压荷载,使固结仪的各部分接触良好,并调平加压杠杆,然后调整测微表,使其大指针归零。

(7) 卸去预压荷载,施加第一级荷载,其大小可视土的软硬程度或工程情况一般采用 25、50、100、200、300、400 kPa,或按设计要求,模拟实际加荷情况进行调整。由于试验教学时间的关系,本试验加荷顺序为 50、100、200、300、400 kPa。

(8) 在加荷同时开动秒表计时,按规定的时间读数,做完一级,再加下一级荷载,直至全部荷载完成。在试验过程中,应始终保持加压杠杆的平衡。

(9) 试验结束后,迅速顺次拆去测微表,卸除砝码,取出环刀,把仪器擦干净。

五、成果整理

(1) 按下式计算试样的原始孔隙比:

$$e_0 = \rho_w \times \frac{G_s(1+0.01w)}{\rho} - 1 \tag{3-20}$$

式中　e_0——试样原始孔隙比;

ρ_w——水的密度(g/cm³),一般取 1;

G_s——土粒相对密度;

w——试样原始含水量(%);

ρ——试样原始密度(g/cm³)。

(2) 按下式计算各级荷载下变形稳定后的孔隙比:

$$e_i = e_0 - \frac{(1+e_0)h_i}{H} \tag{3-21}$$

式中　e_i——某一荷载下变形稳定后的孔隙比;

e_0——试样原始孔隙比;

h_i——某一级荷载下的总变形量(mm);

H——试样原始高度(mm)。

(3) 按下式计算某一荷载范围内的压缩系数:

$$a_{i-i+1} = 1\,000 \times \frac{e_i - e_{i+1}}{p_{i+1} - p_i} \tag{3-22}$$

式中　a_{i-i+1} —— 某一荷载范围内的压缩系数（MPa^{-1}）；
　　　e_i —— 某一荷载下变形稳定后的孔隙比；
　　　p_i —— 某一荷载值（kPa）。

（4）按下式计算某一荷载范围内的压缩模量：

$$E_{s_{i-i+1}} = \frac{1+e_i}{a_{i-i+1}} \tag{3-23}$$

式中　$E_{s_{i-i+1}}$ —— 某一荷载范围内的压缩模量（MPa）；
　　　e_i —— 某一荷载下变形稳定后的孔隙比；
　　　a_{i-i+1} —— 某一荷载范围内的压缩系数（MPa^{-1}）。

（5）记录表格见试验报告。

六、注意事项

（1）使用仪器前必须预习，严格按程序进行操作，对仪器不清楚的地方马上问老师，学生在试验前应熟悉测微表如何读数。
（2）试验过程中不能卸载，百分表也不用归零。
（3）随时调整加压杠杆，使其保持平衡。
（4）加荷时应轻拿轻放，不得使仪器产生震动。
（5）试验完毕，卸下荷载，取出土样，把仪器打扫干净。

第九节　三轴剪切试验

一、试验目的

三轴剪切试验是测定土体抗剪强度的一种方法，通常用 3~4 个圆柱形试样，分别在不同的恒定围压力下（即小主应力 σ_3）施加轴向压力 p（即主应力差 $\sigma_1 - \sigma_3$）进行剪切直至破坏，然后根据莫尔-库仑理论，求得土的抗剪强度参数 c、φ 值。同时，试验过程中若测得了孔隙水压力还可以得到土体的有效抗剪强度指标 c'、φ' 和孔隙水压力系数等。

二、试验分类

三轴剪切试验可分为不固结不排水（UU）试验、固结不排水（CU）试验以及固结排水（CD）试验。

1. 不固结不排水（UU）试验

试件在周围压力和轴向压力下直至破坏的全过程中均不允许排水，土样从开始加载至试样剪坏，土中的含水率始终保持不变，可测得总抗剪强度指标 c_u 和 φ_u。

2. 固结不排水（CU）试验

试样先在周围压力下让土体排水固结，待固结稳定后，再在不排水条件下施加轴向压力直至破坏，可同时测定总抗剪强度指标 c_{cu} 和 φ_{cu} 或有效抗剪强度指标 c' 和 φ' 及孔隙水压力系数。

3. 固结排水（CD）试验

试样先在周围压力下排水固结，然后允许在充分排水的条件下增加轴向压力直至破坏，可测得总抗剪强度指标 c_d 和 φ_d。

三、仪器设备

主要设备：应变式三轴仪（见图 3-17）、击实仪、饱和器。

其他：切土盘、切土器、支架、承膜筒、天平、橡皮膜等。

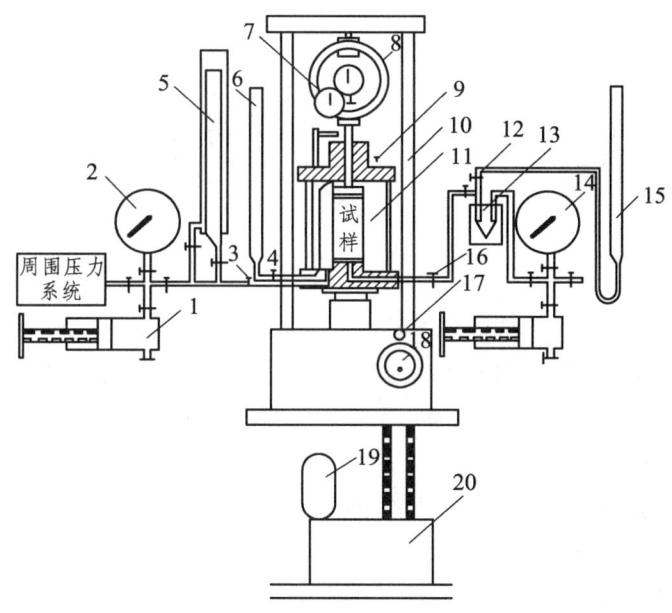

1—调压桶；2—周围压力表；3—周围压力阀；4—排水阀；5—体变管；6—排水管；7—变形量表；8—测力环；9—排气孔；10—轴向加压设备；11—压力室；12—量管阀；13—零位指示器；14—孔隙压力表；15—量管；16—孔隙压力阀；17—离合器；18—手轮；19—马达；20—变速箱。

图 3-17 应变式三轴仪

应变式三轴仪主要由压力室、轴向加荷传动系统、轴向压力测量系统、周围压力稳压系统、孔隙水压力测量系统、轴向应变（位移）测量装置、反压力体变系统等部分组成。

四、准备工作

1. 仪器性能检查

(1) 周围压力和反压力控制系统的压力源。

(2)空气压缩机的稳定控制器(又称压力控制器)。
(3)调压阀的灵敏度及稳定性。
(4)监视压力精密压力表的精度和误差。
(5)稳压系统有否漏气现象。
(6)管路系统的周围压力、孔隙水压力、反压力和体积变化装置以及试样上下端通道节头处是否存在漏气或阻塞现象。
(7)孔压及体变的管道系统内是否存在封闭气泡,若有封闭气泡可用无气水进行循环排水。
(8)土样两端放置的透水石是否畅通和浸水饱和。
(9)乳胶薄膜套是否有漏气的小孔。
(10)轴向传压活塞是否存在摩擦阻力等。

2. 试验前的准备工作

除了上述仪器性能检查外,还应根据试验要求做如下的准备:
(1)根据工程特点和土的性质确定试验方法和测定哪些参数。
(2)根据土样的制备方法和土样特性决定饱和方法和设备。
(3)根据试验方法和土的性质,确定剪切速率和围压大小。
(4)根据土样的多少和均匀程度确定单个土样多级加荷还是多个土样分级加荷。

五、试验步骤

主要介绍不固结不排水(UU)试验、固结不排水(CU)试验和固结排水(CD)试验。

(1)将制备成大于试样直径和高度的毛坯,放在切土器内用钢丝锯和修土刀,制备成所要求规格的试样。然后量其直径、高度,称其质量,并选择代表性的土样测定含水率。

(2)安装试样前,再次确认三轴仪的各部分完好,然后装样:

①打开试样底座的开关(孔隙水压力阀和量管阀),使量管里的水缓缓地流向底座,并依次放上透水石和滤纸,待气泡排除后,再放上试样。试样周围贴上滤纸条,关闭底座开关。

②把已检查过的橡皮薄膜套在承膜筒上,两端翻起,用吸球从气嘴中不断吸气,使橡皮膜紧贴于筒壁,小心将它套在土样外面,然后让气嘴放气,使橡皮膜紧贴试样周围,翻起橡皮两端,用橡皮紧圈将橡皮膜下端扎紧在底座上。

③打开试样底座开关,让量管中水(有时采取高量管所产生的水头差)从底座流入试样与橡皮膜之间,排除试样周围的气泡,关闭开关。

④打开与试样帽连通的排水阀,让量水管中的水流入试样帽,并连同透水石,滤纸放在试样的上端,排尽试样上端及量管系统的气泡后关闭开关,用橡皮圈将橡皮膜上端与试样帽扎紧。

⑤装上压力筒拧紧密封螺帽,并使传压活塞与土样帽接触。

(3)试样剪切按下列步骤进行:

①将轴向变形的百分表、轴向压力测力环的百分表及孔隙水压力计读数均调速至零点。

②启动电动机,合上离合器,开始剪切,剪切应变速率宜为每分钟 0.5%~1%。试样每产生 0.3%~0.4%的轴向应变,测读一次测力计读数和轴向应变;当轴向应变大于3%时,每隔0.7%~

0.8%的应变值测记一次读数;当测力计读数出现峰值时,剪切应继续进行至超过5%的轴向应变;当测力计读数无峰值时,剪切应进行到轴向应变为15%～20%。

③试验结束,先关闭周围压力阀,关马达,脱开离合器,转动手轮,将压力室降下,打开排气孔,排除压力室内的水,拆卸压力室罩,取出试件,描绘试样破坏时形状并称其质量,并测定土样含水量。

六、成果整理

(1) 按下式计算主压力差:

$$\sigma_1 - \sigma_3 = \frac{C \cdot R}{A_a} \times 10 \tag{3-24}$$

式中　σ_1——大主应力(kPa);

　　　σ_3——小主应力(kPa);

　　　C——量力环校正系数(N/0.01 mm);

　　　R——量力环测微表读数(0.01 mm);

　　　A_a——试样剪切时的面积(cm²)。

(2) 记录表格见试验报告。

(3) 绘制强度包线。

以$(\sigma_1-\sigma_3)$的峰值为破坏点,无峰值时,取15%轴向应变时的主应力差作为破坏点。以法向应力为横坐标,剪应力为纵坐标,在横坐标上以$(\sigma_1+\sigma_3)/2$为圆心,$(\sigma_1-\sigma_3)/2$为半径,在τ-σ应力平面图上绘制破损应力图,并绘制不同周围压力下破损压力圆的包线,求出其强度参数。

思 政 小 记

中国是世界上水土流失最为严重的国家之一,其水土流失分布范围广、面积大。根据公布的中国第2次遥感调查结果,中国的水土流失面积达356万平方千米,占陆地总面积的37%。严重的水土流失,是我国生态恶化的反映,威胁国家生态安全、饮水安全、防洪和粮食安全。还有居民没有清洁的水源,一些城市人呼吸着污浊的空气,有些地方没有经过环保处理的垃圾很多,这些情况与大规模开发建设有一定关系。

各地方在全面贯彻落实《中共中央国务院关于深入打好污染防治攻坚战的意见》后,蓝天白云、清水绿岸明显增多。我们每个人都应该行动起来,以更高标准打好蓝天、碧水、净土保卫战。

第四章 基层与底基层试验

基层是路面结构的重要承重层，承担着由面层传来的竖向力，并将力传递到下面的垫层与土基中。基层的受力情况要求其必须具备足够的强度和刚度、抗疲劳开裂性能、足够的耐久性和水稳定性。

公路路面基层、底基层按材料力学行为划分为半刚性类、柔性类和刚性类，按材料组成可划分为有结合料稳定类、无黏结粒料类、再生类材料，按结合料类型分为有机结合料（沥青）稳定类和无机结合料稳定类。本节重点介绍无机结合料稳定材料和粒料类材料。

无机结合料稳定材料和粒料类材料是指在粉碎的或原状松散的土中掺入一定量的无机结合料（如水泥、石灰、粉煤灰及其他工业废渣）和水，经拌和得到的混合料在压实与养生后，其抗压强度符合规定要求的材料，包括水泥稳定土、石灰稳定土、石灰稳定工业废渣和综合稳定土。不同的无机结合料稳定土，在不同的无机结合料剂量、不同的含水量、不同的击实功下可以达到不同的密实度，在公路工程的施工质量控制过程中，要求在一定压实功的作用下达到最大的密实度。通过击实试验测定无机结合料稳定土含水量与干密度的关系，从而了解其压实性能，作为施工时基层与底基层压实控制的依据。依据相关规范基层和底基层混合料试验项目及频率如表4-1。

表4-1 基层和底基层混合料试验项目及频率

试验项目	抽样频率	取样方法	检测依据
1.重型击实试验 2.承载比（CBR）	材料发生变化	随机取样	1.《公路土工试验规程》（JTG 3430—2020）； 2.《公路路面基层施工技术规范》（JTJ 034—2000）； 3.《公路路面基层施工技术细则》（JGJ/T F20—2015）； 4.《公路工程无机结合料稳定材料试验规程》（JTG E51—2009）
3.抗压强度	每次配合比试验		
4.延迟时间 5.绘制EDTA标准曲线	水泥品种变化时		
6.混合料级配 7.结合料剂量 8.含水率	每2 000 m² 1次		
9.混合料最大干密度	每个工日		

第一节 无机结合料稳定材料取样方法

一、目的与适用范围

按照规范要求进行取样的目的是让所取样品更具有代表性。本方法适用于无机结合料稳定材料现场取样操作、室内试验、配合比设计以及施工过程中的质量抽检等。

二、取样与分料

1. 取　样

(1)料堆取料。在料堆的上部、中部和下部各取一份试样,混合后按四分法分料取样。

(2)施工过程中混合料取样。在进行混合料验证时,宜在摊铺机后取料,且取料应分别来源于3～4台不同的料车,然后混合到一起进行四分法取样,进行无侧限抗压强度成型及试验;在评价施工离散性时,宜在施工现场取料。应在施工现场的不同位置按随机取样原则分别取样品,对于结合料剂量还需要在同一位置的上层和下层分别取样,试样应单独成型。

2. 分　料

可用下列方法之一将整个样品缩小到每个试验所需材料的合适质量。

(1)四分法

①需要时应加清水使主样品变湿。充分拌和主样品:在一块清洁、平整、坚硬的表面上将试料堆成一个圆锥体,用铲翻动此锥体并形成一个新锥体,这样重复进行3次。在形成每一个锥体堆时,铲中的料要放在锥顶,使滑到边部的那部分料尽可能分布均匀,使锥体的中心不移动。

②将平头铲反复交错垂直插入最后一个锥体的顶部,使锥体顶变平,每次插入后提起铲时不要带有试料。沿两个垂直的直径,将已变成平顶的锥体料堆分成四部分的质量相同。

③将对角的一对料(如一、三象限为一对,二、四象限为另一对)铲到一边,将剩余的一对料铲到一块。重复上述拌和以及缩小的过程,直到达到要求的试样质量。

(2)分料器法

如果集料中含有粒径2.36 mm以下的细料,材料应该是表面干燥的。将材料充分拌和后,通过分料器保留一部分,将另一部分再次通过分料器。这样重复进行,直到将原样品缩小到需要的质量。

3. 试验室分料

(1)目标配合比阶段各种集料应逐级筛分,然后按设定级配进行配料。

(2)生产配合比阶段可采用四分法分料,且取料总质量应大于分料取样后每份质量的4～8倍。

第二节　水泥或石灰稳定材料中水泥或石灰剂量测定方法
(EDTA 滴定法)

一、目的与适用范围

(1)本方法适用于在工地快速测定水泥和石灰稳定材料中水泥和石灰的剂量,并可用于检查现场拌和和推铺的均匀性。

(2)本办法适用于在水泥终凝之前的水泥含量测定,现场土样的石灰剂量应在路拌后尽快测试,否则需要用相应龄期的 EDTA 二钠标准溶液消耗量的标准曲线确定。

(3)本方法也可以用来测定水泥和石灰综合稳定材料中结合料的剂量。

二、仪器设备

(1)滴定管(酸式):50 mL,1 支。

(2)滴定台:1 个。

(3)滴定管夹:1 个。

(4)大肚移液管:10 mL、50 mL,10 支。

(5)锥形瓶(即三角瓶):2 000 mL,20 个。

(6)烧杯:2 000 mL(或 100 mL),1 只;300 mL,10 只。

(7)容量瓶:2 000 mL,1 个。

(8)搪瓷杯:容量大于 1 200 mL,10 只。

(9)不锈钢棒(或粗玻璃棒):10 根。

(10)量筒:100 mL 和 5 mL,各 1 只;50 mL,2 只。

(11)棕色广口瓶:60 mL,1 只(装钙红指示剂)。

(12)电子天平:量程不小于 1 500 g,感量 0.01 g。

(13)秒表:1 只。

(14)表面皿:ϕ 9 cm,10 个。

(15)研体:ϕ 12~13 cm,1 个。

(16)洗耳球:1 个。

(17)精密试纸:pH=2~14。

(18)聚乙烯桶:20 L(装蒸馏水和氯化铵及 EDTA 二钠标准溶液),3 个;5 L(装氢氧化钠),1 个;5 L(大口桶),10 个。

(19)毛刷、去污粉、吸水管、塑料勺、特种铅笔、厘米纸。

(20)洗瓶(塑料):500 mL,1 只。

三、试 剂

(1)0.1 mol/m^3 乙二胺四乙酸二钠(EDTA 二钠)标准溶液(简称 EDTA 二钠标准溶液):准确称取 EDTA 二钠(分析纯)37.23 g,用 40~50℃的无二氧化碳蒸馏水溶解,待全部溶解并冷却至室温后,定容至 1 000 mL。

(2)10%氯化铵(NH_4Cl)溶液:将 500 g 氯化铵(分析纯或化学纯)放在 10 L 的聚乙烯桶内,加蒸水 4 500 mL,充分振荡,使氯化铵完全溶解。也可以分批在 1 000 mL 的烧杯内配制,然后倒入塑料桶内摇匀。

(3)1.8%氢氧化钠(内含三乙醇酸)溶液:用电子天平称 18 g 氢氧化钠(NaOH)(分析纯),放入洁净干燥的 1 000 mL 烧杯中,加 1 000 mL 蒸馏水使其全部溶解,待溶液冷却至室温后,加入 2 mL

三乙醇胺(分析纯)，搅拌均匀后储于塑料桶中。

(4)钙红指示剂：将 0.2 g 钙试剂，羧酸钠(分子式 $C_{21}H_{13}N_2NaO_2S$，分子量 460.39)与 20 g 预先在 105℃烘箱中烘 1 h 的硫酸钾混合。一起放入研中，研成极细粉，储于棕色广口瓶中，以防吸潮。

四、制备标准曲线

(1)取样：取工地用石灰和土，风干后用烘干法测其含水量(如为水泥，可假定含水量为0)。

(2)混合料组成的计算。

公式：

$$干料质量 = 湿料质量/(1+含水量)$$

计算步骤：

①干混合料质量=湿混合料质量/(1+最佳含水量)

②干土质量=干混合料质量/(1+石灰或水泥剂量)

③干石灰或水泥质量=干混合料质量-干土质量

④湿土质量=干土质量×(1+土的风干含水量)

⑤湿石灰质量=干石灰质量×(1+石灰的风干含水量)

⑥石灰土中应加入的水=湿混合料质量-湿土质量-湿石灰质量

(3)准备5种试料，每种两个样品(以水泥稳定材料为例)，如为水泥稳定中、粗粒土，每个样品取1 000 g左右(如为细粒土，则可称取300 g左右)准备试验。为了减少中、粗粒土的离散，宜按设计级配单份掺配的方式备料。

5种混合料的水泥剂量应为：水泥剂量为0，最佳水泥剂量左右、最佳水泥剂量±2%和+4%。每种剂量取两个(为湿质量)试样，共10个试样，并分别放在10个大口聚乙烯桶(如为稳定细粒土，可用搪瓷杯或1 000 mL具塞三角瓶；如为粗粒土，可用5 L的大口聚乙烯桶)内。土的含水量应等于工地预期达到的最佳含水量，土中所加的水与工地所用的水相同。

注：在此，准备标准曲线的水泥剂量可为0，2%，4%，6%，8%。如水泥剂量较高或较低，应保证工地实际所用水泥或石灰的剂量位于标准曲线所用剂量的中间。

(4)取一个盛有试样的盛样器，在盛样器内加入两倍试样质量(湿料质量)体积的10%氯化铵溶液(如湿料质量为300 g，则氯化铵溶液为600 mL；如湿料质量为1 000 g，则氯化铵溶液为2 000 mL)。料为300 g，则搅拌3 min(每分钟搅110~120次)；料为1 000 g，则搅拌5 min。如用上1 000 mL具塞三角瓶，则手握三角瓶(瓶口向上)用力振荡3 min(每分钟120次±5次)，以代替搅拌棒搅拌。放置沉淀10 min，然后将上部清液转移到300 mL烧杯内，搅匀，加盖表面皿待测。

注：如10 min后得到的是浑浊悬浮液，则应增加放置沉淀时间，直到无明显悬浮颗粒的悬浮液为止，并记录所需的时间。以后所有该种水泥(或石灰)稳定材料的试验，均应以同一时间为准。

(5) 用移液管吸取上层(液面上 1~2 cm)悬浮液 10.0 mL 放入 200 mL 的三角瓶内,用量管量取 1.8%氢氧化钠(内含三乙醇胺)溶液 50 mL 倒入三角瓶中,此时溶液 pH 值为 12.5~13.0(可用 pH=12~14 的精密试纸检验),然后加入钙红指示剂(质量约为 0.2 g),摇匀,溶液呈玫瑰红色。记录滴定管中 EDTA 二钠标准溶液的体积 V_1,然后用 EDTA 二钠标准溶液滴定,边滴定边摇匀,并仔细观察溶液的颜色:在溶液颜色变为紫色时,放慢滴定速度,并摇匀;直到纯蓝色为终点,记录滴定管中 EDTA 二钠标准溶液体积 V_2(以 mL 计,读至 0.1 mL)。计算 V_1-V_2,即为 EDTA 二钠标准溶液的消耗量。

(6) 对其他几个盛样器中的试样,用同样的方法进行试验,并记录各自的 EDTA 二钠标准溶液的消耗量。

(7) 以同一水泥或石灰剂量稳定材料 EDTA 二钠标准溶液消耗量(mL)的平均值为纵坐标,以水泥或石灰剂量(%)为横坐标制图。两者的关系应是一根顺滑的曲线,如图 4-1 所示。如素土、水泥或石灰改变,必须重做标准曲线如图 4-1。

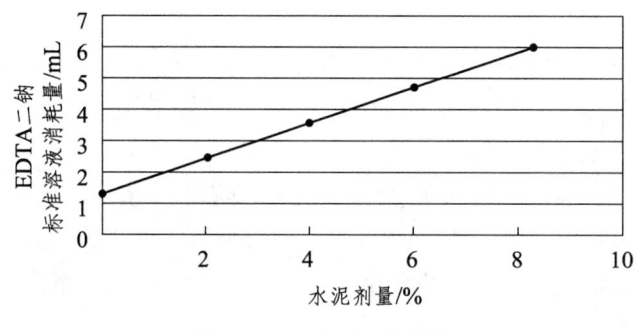

图 4-1 EDTA 标准曲线

五、试验步骤

(1) 选取有代表性的无机结合料稳定材料,对稳定中、粗粒土取试样约 3 000 g,对稳定细粒土取试样约 1 000 g。

(2) 对水泥或石灰稳定细土,称 300 g 放在搪瓷杯中,用搅拌棒将结块搅散,加 10%氯化铵溶液 600 mL;对水泥或石灰稳定中、粗粒土,可直接称取 1 000 g 左右,放入 10%氯化铵溶液 2 000 mL,然后如前述步骤进行试验。

(3) 利用所绘制的标准曲线,根据 EDTA 二钠标准溶液消耗量,确定混合料中的水泥或石灰剂量。

六、结果整理

本试验应进行两次平行测定,取算术平均值,精确至 0.1 mL。允许重复性误差不得大于均值的 5%,否则,重新进行试验。

第三节 无机结合料稳定土的击实试验

一、目的与适用范围

(1)本方法用于在规定的试筒内，对水泥稳定材料(在水泥水化前)、石灰稳定材料及石灰(或水泥)粉煤灰稳定材料进行击实试验，以绘制稳定材料的含水量-干密度关系曲线，从而确定其最佳含水量和最大干密度。

(2)试验集料的公称最大粒径宜控制在 37.5 mm 以内(方孔筛)。

(3)本试验方法分三类，各类击实方法的主要参数见表 4-2。

表 4-2 试验方法类别表

类别	锤的质量 /kg	锤击面直径 /cm	落高 /cm	试筒尺寸 内径 /cm	试筒尺寸 高 /cm	试筒尺寸 容积 /cm³	锤击层数	每层锤击次数	平均单位击实功 /J	容许最大公称粒径 /mm
甲	4.5	5.0	45	10.0	12.7	997	5	27	2.687	19.0
乙	4.5	5.0	45	15.2	12.0	2 177	5	59	2.687	19.0
丙	4.5	5.0	45	15.2	12.0	2 177	3	98	2.677	37.5

二、仪器设备

(1)击实筒。小型击实筒：内径 100 mm、高 127 mm 的金属圆筒，套环高 50 mm，底座；大型击实筒：内径 152 mm、高 170 mm 的金属圆筒，套环高 50 mm，直径 151 mm 和高 50 mm 的筒内垫块，底座。

(2)多功能自控电动击实仪：击锤的底面直径 50 mm，总质量 4.5 kg。击锤在导管内的总行程为 450 mm。可设置击实次数，并保证击锤自由垂直落下，落高应为 450 mm，锤迹均匀分布于试样面。

(3)电子天平：量程 4 000 g，感量 0.01 g。

(4)电子天平：量程 15 kg，感量 0.1 g。

(5)方孔筛：孔径 53 mm、37.5 mm、26.5 mm、19 mm、4.75 mm、2.36 mm 的筛各 1 个。

(6)量筒：50 mL、100 mL 和 500 mL 的量筒各 1 个。

(7)直刮刀：长 200~250 mm、宽 30 mm 和厚 3 mm，一侧开口的直刮刀，用以刮平和修饰粒料大试件的表面。

(8)刮土刀：长 150~200 mm、宽约 20 mm 的刮刀，用以刮平和修饰小试件的表面。

(9)工字形刮平尺：30 mm×50 mm×310 mm，上下两面和侧面均刨平。

(10)拌和工具：约 400 mm×600 mm×70 mm 的长方形金属盘、拌和用平头小铲等。

(11)脱模器。

(12)测定含水量用的铝盒、烘箱等。
(13)游标卡尺。

三、试验准备

(1)将具有代表性的风干试料(必要时,也可以在50℃烘箱内烘干)用木锤捣碎或用木碾碾碎。土团均应破碎到能通过4.75 mm的筛孔。但应注意不使粒料的单个颗粒破碎或不使其破碎程度超过施工中拌和机械的破碎率。

(2)如试料是细粒土,将已破碎的具有代表性的土过4.75 mm筛备用(用甲法或乙法做试验)。

(3)如试料中含有粒径大于4.75 mm的颗粒,则先将试料过19 mm筛;如存留在19 mm筛上的颗粒的含量不超过10%,则过26.5 mm筛,留作备用(用甲法或乙法做试验)。

(4)如试料中粒径大于19 mm的颗粒含量超过10%,则将试料过37.5 mm筛;如果存留在37.5 mm筛上的颗粒的含量不超过10%,则过53 mm的筛备用(用丙法试验)。

(5)每次筛分后,均应记录超尺寸颗粒的百分率。

(6)在预定做击实试验的前一天,取有代表性的试料测定其风干含水量。对于细粒土,试样应不少于100 g;对于中粒土,试样应不少于1 000 g;对于粗粒土的各种集料,试样应不少于2 000 g。

(7)在试验前用游标卡尺准确测量试模的内径、高和垫块的厚度,以计算试筒的容积。

四、试验步骤

1. 准备工作

在试验前应将试验所需要的各种仪器设备准备齐全,测量设备应满足精度要求;调试击实仪器,检查其运转是否正常。

2. 甲法

(1)将已筛分的试样用四分法逐次分小,至最后取出10~15 kg试料。再用四分法将已取出的试料分成5~6份,每份试料的干质量为2.0 kg(对于细粒土)或2.5 kg(对于各种中粒土)。

(2)预定5~6个不同含水量,依次相差0.5%~1.5%,且其中至少有两个大于和两个小于最佳含水量。(注:对于中、粗粒土,在最佳含水量附近取0.5%,其余取1%。对于细粒土,取1%,但对于黏土,特别是重黏土,可能需要取2%。)

(3)按预定含水量制备试样。将1份试料平铺于金属盘内,将事先计算得的该份试料中应加的水量均匀地喷洒在试料上,用小铲将试料充分拌和到均匀状态(如为石灰稳定材料、石灰粉煤灰综合稳定材料、水泥粉煤灰综合稳定材料和水泥、石灰综合稳定材料,可将石灰、粉煤灰和试料一起拌匀),然后装入密闭容器或塑料口袋内浸润备用。

浸润时间要求:黏质土12~24 h,粉质土6~8 h,砂类土、砂砾土、红土砂砾、级配砂砾等可以缩短到4 h左右,含土很少的未筛分碎石、砂砾和砂可缩短到2 h。浸润时间一般不超过24 h。

应加水量可按式(4-1)计算。

$$m_w = \left(\frac{m_n}{1+0.01w_n} + \frac{m_c}{1+0.01w_c}\right) \times 0.01w - \frac{m_n}{1+0.01w_n} \times 0.01w_n - \frac{m_c}{1+0.01w_c} \times 0.01w_c \quad (4\text{-}1)$$

式中 m_w——混合料中应加的水量(g);

m_n——混合料中素土(或集料)的质量(g),其原始含水量为 m_n,即风干含水量(%);

m_c——混合料中水泥或石灰的质量(g),其原始含水量为 w_c;

w——要求达到的混合料的含水量(%)。

(4)将所需要的稳定剂水泥加到浸润后的试样中,并用小铲、泥刀或其他工具充分拌和到均匀状态。水泥应在土样击实前逐个加入。加有水泥的试样拌和后,应在1h内完成下述击实试验。拌和后超过1h的试样,应予作废(石灰稳定材料和石灰粉煤灰稳定材料除外)。

(5)试筒套环与击实底板应紧密联结。将击实筒放在坚实地面上,用四分法取制备好的试样400~500 g(其量应使击实后的试样等于或略高于筒高的1/5)倒入筒内,整平其表面并稍加压紧,然后将其安装到多功能自控电动击实仪上,设定所需锤击次数,进行第1层试样的击实。第1层击实完后,检查该层高度是否合适,以便调整以后几层的试样用量。用刮土刀或螺丝刀将已击实层的表面"拉毛",然后重复上述做法,进行其余4层试样的击实。最后一层试样击实后,试样超出筒顶的高度不得大于6 mm,超出高度过大的试件应该作废。

(6)用刮土刀沿套环内壁削挖(使试样与套环脱离)后,扭动并取下套环。齐筒顶细心刮平试样,并拆除底板。如试样底面略突出筒外或有孔洞,则应细心刮平或修补。最后用工字形刮平尺齐筒顶和筒底将试样刮平。擦净试筒的外壁,称其质量 m_1。

(7)用脱模器推出筒内试样。从试样内部从上至下取两个有代表性的样品(可将脱出试件用锤打碎后,用四分法采取),测定其含水量,计算至0.1%。两个试样的含水量的差值不得大于1%。所取样品的数量见表4-3(如只取一个样品测定含水量,则样品的质量应为表列数值的两倍)。擦净试筒,称其质量 m_2。

表4-3 测稳定材料含水量的样品质量

公称最大粒径/mm	样品质量/g
2.36	约50
19.00	约300
37.50	约1 000

烘箱的温度应事先调整到110℃左右,以使放入的试样能立即在105~110℃的温度下烘干。

(8)按本方法(3)~(7)的步骤进行其余含水量下稳定材料的击实和测定工作。凡已用过的试样,一律不再重复使用。

3. 乙 法

在缺乏内径10 cm的试筒时,以及在需要与承载比等试验结合起来进行时,采用乙法进行击实试验。乙法更适宜于公称最大粒径达19 mm的集料。

(1)将已过筛的试料用四分法逐次分小,至最后取出约30 kg试料。再用四分法将所取的试料分成5~6份,每份试料的干质量约为4.4 kg(细粒土)或5.5 kg(中粒土)。

(2)以下各步的做法与甲法(2)～(8)相同,但应该先将垫块放入筒内底板上,然后加料并击实。所不同的是,每层需取制备好的试样约 900 g(对于水泥或石灰稳定细粒土)或 1 100 g(对于稳定中粒土),每层的锤击次数为 59 次。

4. 丙　法

(1)将已过筛的试料用四分法逐次分小,至最后取约 33 kg 试料。再用四分法将所取的试料分成 6 份(至少要 5 份),每份质量约 5.5 kg(风干质量)。

(2)预定 5～6 个不同含水量,依次相差 0.5%～1.5%。在估计最佳含水量左右可只差 0.5%～1%。(注:对于水泥稳定类材料,在最佳含水量附近取 0.5%;对于石灰、二灰稳定类材料,根据具体情况在最佳含水量附近取 1%。)

(3)同甲法第(3)条。

(4)同甲法第(4)条。

(5)将试筒、套环与夯击底板紧密地联结在一起,并将垫块放在筒内底板上。击实筒应放在坚实地面上,取制备好的试样 1.8 kg 左右[其量应使击实后的试样略高于(高出 1～2 mm)筒高的 1/3]倒入筒内,整平其表面,并稍加压紧。然后将其安装到多功能自控电动击实仪上,设定所需锤击次数,进行第 1 层试样的击实。第 1 层击实完后检查该层的高度是否合适,以便调整以后两层的试样用量。用刮土刀或螺丝刀将已击实的表面"拉毛",然后重复上述做法,进行其余两试样的击实。最后一层试样击实后,试样超出试筒顶的高度不得大于 6 mm。超出高度过大的试件应该作废。

(6)用刮土刀沿套环内壁削挖(使试样与套环脱离),扭动并取下套环。齐筒顶细心刮平试样,并拆除底板,取走垫块。擦净试筒的外壁,称其质量 m_1。

(7)用脱模器推出筒内试样。从试样内部由上至下取两个有代表性的样品(可将脱出试件用锤打碎后,用四分法采取),测定其含水量,计算至 0.1%。两个试样的含水量的差值不得大于 1%。所取样品的数量应不少于 700 g,如只取一个样品测定含水量,则样品的数量应不少于 1 400 g。烘箱的温度应事先调整到 110℃左右,以使放入的试样能立即在 105～110℃的温度下烘干。擦净试筒,称其质量 m_2。

(8)按本方法(3)～(7)进行其余含水量下稳定材料的击实和测定。凡已用过的试料,一律不再重复使用。

五、数据处理

1. 稳定材料湿密度计算

按式(4-2)计算每次击实后稳定材料的湿密度 ρ_w。

$$\rho_w = \frac{m_1 - m_2}{V} \tag{4-2}$$

式中　ρ_w——稳定材料的湿密度(g/cm³);

m_1——试筒与湿试样的总质量(g);

m_2——试筒的质量(g);

V——试筒的容积(cm^3)。

2. 稳定材料干密度计算

按式(4-3)计算每次击实后稳定材料的干密度 ρ_d。

$$\rho_d = \frac{\rho_w}{1+0.01w} \tag{4-3}$$

式中 ρ_d——试样土的干密度(g/cm^3)；

w——试样土的含水量(%)。

3. 制 图

(1)以干密度为纵坐标、含水量为横坐标，绘制含水量-干密度曲线。曲线必须为凸形的，如试验点不足以连成完整的凸形曲线，则应该进行补充试验。如图 4-2。

(2)将试验各点采用二次曲线方法拟合曲线，曲线的峰值点对应的含水量及干密度即为最佳含水量和最大干密度。

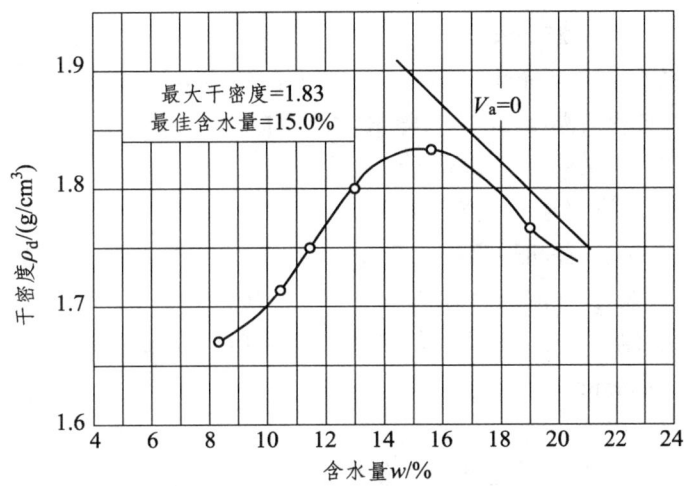

图 4-2 含水量与干密度的关系曲线

4. 精度要求

(1)应做两次平行试验，取两次试验的平均值作为最大干密度和最佳含水量。两次重复性试验最大干密度的差不应超过 0.05 g/cm^3(稳定细粒土)和 0.08 g/cm^3(稳定中粒土和粗粒土)，最佳含水量的差不应超过 0.5%(最佳含水量小于 10%)和 1.0%(最佳含水量大于 10%)。超过上述规定值，应重做试验，直到满足精度要求。

(2)混合料密度计算应保留小数点后 3 位有效数字，含水量应保留小数点后 1 位有效数字。

第四节　无机结合料稳定土无侧限抗压强度试验

一、目的与适用范围

本方法适用于测定无机结合料稳定材料(包括稳定细粒土、中粒土和粗粒土)试件的无侧限抗压强度。

二、仪器设备

(1)圆孔筛：孔径 40 mm、20 mm、5 mm 的筛各 1 个。

(2)试模：

细粒土(最大粒径不超过 10 mm)；试模的直径×高=ϕ50 mm×50 mm。

中粒土(最大粒径不超过 25 mm)；试模的直径×高=ϕ100 mm×100 mm。

粗粒土(最大粒径不超过 40 mm)；试模的直径×高=ϕ150 mm×150 mm。

(3)标准养护室：能保持温度(20±2)℃、相对湿度在 95% 以上。

(4)水槽：深度应大于试件高度 50 mm。

(5)压力机或万能试验机(也可用路面强度试验仪和测力计)：压力机应符合现行《液压式压力试验机》(GB/T 3722)及《试验机通用技术要求》(GB/T 2611)中的要求，其测量精度为±1%，同时应具有加载速率指示装置或加载速率控制装置。上下压板平整并有足够刚度，可以均匀地连续加载卸载，可以保持固定荷载。开机停机均灵活自如，能够满足试件吨位要求，且压力机加载速率可以有效控制在 1 mm/min。

(6)电动脱模器。

(7)电子天平：量程 15 kg，感量 0.1 g；量程 4 000 g，感量 0.01 g。

(8)游标卡尺、量筒、拌和工具、大小铝盒、烘箱等。

(9)球形支座。

三、试验准备

(1)将具有代表性的风干土用木锤捣碎或用木碾碾碎，但应避免破坏粒料的原粒径。按照公称最大粒径的大一级筛过筛并进行分类。

(2)在预定做试验的前一天，取有代表性的试料测定其风干含水量。对于细粒土试样应不少于 100 g；对于中粒土，试样应不少于 1 000 g；对于粗粒土，试样应不少于 2 000 g。

(3)按重型击实试验方法确定无机结合料稳定材料的最佳含水量和最大干密度。根据击实结果，称取一定质量的风干土，其质量随试件大小而变。对于 Φ50 mm×50 mm 的试件，1 个试件一般需干土 180~210 g；对于 Φ100 mm×100 mm 的试件，1 个试件一般需干土 1 700~1 900 g；对

于 Φ150 mm×150 mm 的试件，1 个试件一般需干土 5 700~6 000 g。对于细粒土，一次可称取 6 个试件的土；对于中粒土，一次宜称取一个试件的土；对于粗粒土，一次只称取一个试件的土。将准备好的试料分别装入塑料袋中备用。对于无机结合料稳定土细粒土，至少应该制备 6 个试件；对于无机结合料稳定土中粒土和粗粒土，至少应该分别制备 9 个和 13 个试件。

(4) 调试成型所需要的设备，检查是否运行正常；将成型用的模具擦拭干净，并涂抹机油。成型时试模筒的数量应与每组试件的个数相配套，试筒内未被上下垫块占用的空间体积能满足径高比为 1 : 1 的要求。

(5) 根据击实试验结果和无机结合料的配合比按公式(4-4)计算每份料的加水量、无机结合料的质量。

$$m_w = \left(\frac{m_n}{1+0.01w_n} + \frac{m_c}{1+0.01w_c}\right) \times 0.01w - \frac{m_n}{1+0.01w_n} \times 0.01w_n - \frac{m_c}{1+0.01w_c} \times 0.01w_c \quad (4-4)$$

式中 m_w——混合料中应加水量(g)；

m_n——混合料中素土(或集料)的质量(g)，其含水量为 w_n(风干含水量)(%)；

m_c——混合料中水泥或石灰的质量(g)，其原始含水量为 w_c(%)(水泥的 w_c 通常很小，也可以忽略不计)；

w——要求达到的混合料的含水量(%)。

(6) 将称好的土放在长方盘内，向土中加水拌料、闷料。石灰稳定材料、水泥石灰综合稳定材料，可将石灰和土一起拌和均匀后的试料放在塑料袋内封口浸润备用。浸润时间要求一般不超过 24 h。黏质土 12~24 h，粉质土 6~8 h，砂类土、砂砾土等可以缩短到 4 h 左右，含土很少的未筛分碎石、砂砾及砂可以缩短到 2 h。

对于细粒土(特别是黏性土)，浸润时的含水量应比最佳含水量小 3%；对于中粒土和粗粒土，可按最佳含水量加水，应加的水量按式(4-4)计算。

(7) 在试件成型前 1 h 内，加入预定数量的水泥并拌和均匀。在拌和过程中，应将预留的水(对于细粒土为 3%，对于水泥稳定类为 1%~2%)加入土中，使混合料达到最佳含水量。拌和均匀的加有水泥的混合料应在 1 h 内制成试件，超过 1 h 的混合料应该作废。其他结合料稳定材料，混合料虽不受此限，但也应尽快制成试件。

(8) 按一定标准密度以及压实度标准成型试件，即按照试件的实际几何尺寸计算试件的体积，然后根据混合料标准密度、混合料最佳含水量以及混合料压实度标准按公式(4-5)计算单个试件的标准质量。

单个试件的标准质量：

$$m_0 = V \times \rho_{max} \times (1+w_{opt}) \times \gamma \quad (4-5)$$

式中 m_0——混合料质量(g)；

V——试件体积(cm^3)；

ρ_{max}——混合料最大干密度(g/cm^3)；

w_{opt}——混合料最佳含水量(%)；

γ——混合料压实度标准(%)。

(9) 用压力试验机制件。

①将试模配套的下垫块放入试模的下部，但外露 2 cm 左右。将称量的规定数量 m_2 的稳定材

料混合料分 2~3 次灌入试模中，每次用夯棒轻轻均匀插实。如制取 Φ50 mm×50 mm 的小试件，可以将混合料一次倒入试模中，然后将与试模配套的上垫块放入试模内，也应使其外露 2 cm 左右（即上下垫块露出试模外的部分应该相等）。

②将整个试模（连同上下垫块）放到加压设备上，以 1 mm/min 的加载速率加压，直到上下压柱都压入试模为止。维持压力 2 min。解除压力后，取下试模，脱模后取出试件称质量 m_2，小试件精确至 0.01 g，中试件精确至 0.01 g，大试件精确至 0.1 g。然后用游标卡尺测量试件高度 h_0，精确至 0.1 mm。检查试件的高度和质量，不满足成型标准的试件作为废件。试件称量后应立即放在塑料袋中封闭，移放至养生室。

(10)试件标准养生的温度为 20℃±2℃，湿度为≥95%，试件养生时间是 7 d，最后一天浸水。养生期最后一天，将试件取出，观察试件的边角有无磨损和缺块，并量高 h 称质量 m_3，然后将试件浸泡于水中，应使水面在试件顶上约 2.5 cm。如养生期间有明显的边角磨损，试件应该作废。对养生 7 d 的试件，在养生期间质量损失应符合下列规定：小试件不超过 1 g；中试件不超过 4 g；大试件不超过 10 g。质量损失超过的试件应予作废。

四、试验步骤

(1)根据试验材料的类型和一般的工程经验，选择合适量程的测力计和压力机，试件破坏荷载应大于测力量程的 20%且小于测力量程的 80%。球形支座和上下顶板涂上机油，使球形支座能够灵活转动。

(2)将已浸水一昼夜的试件从水中取出，用软布吸去试件表面的水分，并称试件的质量 m_4。

(3)用游标卡尺测量试件高度 h，精确至 0.1 mm。

(4)将试件放在路面材料强度试验仪或压力机上，并在升降台上先放一扁球座，进行抗压试验。试验过程中，应保持加载速率为 1 mm/min。记录试件破坏时的最大压力 P(N)。

(5)从试件内部取有代表性的样品（经过打破），用标准试验方法测定其含水量 w。

五、计　算

试件的无侧限抗压强度按式(4-6)计算。

$$R_c = \frac{P}{A} \tag{4-6}$$

式中　R_c——试件的无侧限抗压强度(MPa)；

　　　P——试件破坏时的最大压力(N)；

　　　A——试件的截面积(mm^2)，$A = \frac{1}{4}\pi D^2$；

　　　D——试件的直径(mm)。

六、结果整理

(1)抗压强度保留 1 位小数。

(2)同一组试件试验中，采用3倍均方差方法剔除异常值，小试件可以允许有1个异常值，中试件1~2个异常值，大试件2~3个异常值。异常值数量超过上述规定的试验重做。

(3)同一组试验的变异系数 C_v(%)符合下列规定，方为有效试验：小试件 $C_v \leqslant 6\%$；中试件 $C_v \leqslant 10\%$；大试件 $C_v \leqslant 15\%$。如不能保证试验结果的变异系数小于规定的值，则应按允许误差10%和90%概率重新计算所需的试件数量，增加试件数量并另做新试验。新试验结果与老试验结果一并重新进行统计评定，直到变异系数满足上述规定。

(4)若干个试验结果的最小值和最大值、平均值 $\overline{R_c}$、标准差 S、变异系数 C_v 和95%保证率的值 $R_{c0.95}$ $\left(R_{c0.95} = \overline{R_c} - 1.645S\right)$。

第五节　无机结合料稳定材料间接抗拉强度试验(劈裂试验)

一、目的与适用范围

本方法适用于测定无机结合料稳定材料(包括稳定细粒土、中粒土和粗粒土)试件的间接抗拉强度。

二、仪器设备

(1)压力机或万能试验机(也可用路面强度试验仪和测力计)：压力机应符合现行《液压式压力试验机》(GB/T 3722)及《试验机通用技术要求》(CB/T 2611)中的要求，其测量精度为±1%，同时应具有加载速率指示装置或加载速率控制装置。上下压板平整并有足够刚度，可以均匀地连续加载卸载，可以保持固定荷载。开机停机均灵活自如，能够满足试件吨位要求，且压力机加载速率可以有效控制在1 mm/min。

(2)劈裂夹具。

(3)压条：采用半径与试件半径相同的弧面压条，其长度应大于试件的高度。不同尺寸试件采用的压条宽度和弧面半径见表4-4。

表4-4　不同试件对应的压条尺寸

试件尺寸/mm	压条宽度/mm	弧面半径/mm
φ50×50	6.35	25
φ100×100	12.70	50
φ150×150	18.75	75

(4)标准养护室。

(5)水槽：深度应大于试件高度50 mm。

(6)电子天平：量程15 kg，感量0.1 g；量程4 000 g，感量0.01 g。

(7)量筒拌和工具、大小铝盒、烘箱等。
(8)球形支座。
(9)机油：若干。

三、试件准备

(1)试件采用高径比为 1∶1 的圆柱体。细粒土试模的直径×高=50 mm×50 mm，中粒土试模的直径×高=100 mm×100 mm；粗粒土试模的直径×高=150 mm×150 mm。

(2)本试验应采用静力压实法制备等干密度的试件。

(3)为保证试验结果的可靠性和准确性，每组试件的数目要求为：小试件不少于 6 个，中试件不少于 9 个，大试件不少于 3 个。

四、试验步骤

(1)根据试验材料的类型和一般的工程经验，选择合适量程的测力计和试验机，试件破坏荷载应大于测力量程的 20% 且小于测力量程的 80%。球形支座和上下压条涂上机油，使球形支座能够灵活转动。

(2)将已浸水一昼夜的试件从水中取出，用软布吸去试件表面的可见自由水，并称试件的质量。

(3)用游标卡尺测量试件的高度 h，精确至 1 mm。

(4)在压力机的升降台上置压条，将试件横置在压条上，在试件的顶面也放一压条(上下压条与试件的接触线必须位于试件直径的两端，并与升降台垂直)。

(5)在上压条上面放置球形支座，球形支座应位于试件的中部。

(6)试验过程中应使试验的形变等速增加，保持加载速率为 1 mm/min。记录试件破坏时的最大压力 $P(\text{N})$。

(7)从试件内部取有代表性的样品(经过打碎)，按要求方法，测定其含水量 w。

五、计　算

试件的间接抗拉强度按式(4-7)计算。

$$R_i = \frac{2P}{\pi dh}\left(\sin 2\alpha - \frac{a}{d}\right) \tag{4-7}$$

式中　R_i——试件的间接抗拉强度(MPa)；
　　　P——试件破坏时的最大压力(N)；
　　　d——试件的直径(mm)；
　　　h——浸水后试件的高度(mm)；
　　　α——半压条宽对应的圆心角(°)；
　　　a——压条的宽度(mm)。

对于小试件：$R_i = 0.012\,526\,\dfrac{P}{h}$　(MPa) $\tag{4-8}$

对于中试件：$R_i = 0.006\,263\dfrac{P}{h}$ （MPa） (4-9)

对于大试件：$R_i = 0.004\,178\dfrac{P}{h}$ （MPa） (4-10)

六、结果整理

(1) 间接抗拉强度保留两位小数。

(2) 同一组试件试验中，采用 3 倍均方差方法剔除异常值，小试件可以有 1 个异常值中试件 1～2 个异常值，大试件 2～3 个异常值。异常值数量超过上述规定的试验重做。

(3) 同一组试验的变异系数 C_v(%) 符合下列规定，方为有效试验：小试件 $C_v \leqslant 6\%$；中试件 $C_v \leqslant 10\%$；大试件 $C_v \leqslant 15\%$。如不能保证试验结果的变异系数小于规定的值，则应按允许误差 10% 和 90% 概率重新计算所需的试件数量，增加试件数量并另做新试验。新试验结果与老试验结果并重新进行统计评定，直到变异系数满足上述规定。

(4) 若干个试验结果的最小值和最大值、平均值 $\bar{R}_i$、标准差 S、变异系数 C_v 和 95% 保证率的值 $R_{i0.95}$（$R_{i0.95} = \bar{R}_i - 1.645S$）。

思 政 小 记

故事案例：自己建造的房子

有个老木匠准备退休，他告诉老板，说要离开建筑行业，回家与妻子儿女享受天伦之乐。

老板舍不得他的好工人走，问他是否能帮忙再建一座房子，老木匠说可以。但是大家后来都看得出来，他的心已不在工作上，他用的是软料，出的是粗活。房子建好的时候，老板把大门的钥匙递给他。"这是你的房子，"老板说，"我送给你的礼物。"木匠目瞪口呆，羞愧得无地自容。如果他早知道是在给自己建房子，他怎么会这样呢？现在他得住在一幢粗制滥造的房子里！

一个人的生活是他自己一生唯一的创造，不能抹平重建。你每天敲进去的一颗钉，加上去的一块板，或者竖起一面墙，都是在"建造"自己的生活！每个人都有惰性，只要是不涉及切身利益，很多人往往理所当然而为之。质量事件频发的背后，正是这种漠然的心态。工作质量结果无论好坏，不仅仅影响他人，也影响自己！往往当我们惊觉自己的处境时，早已深困在自己建造的"房子"里了。

第五章 水泥与水泥混凝土试验

水泥是一种人造水硬性无机胶凝材料。水泥与水混合后，经过一系列的物理化学作用，形成坚硬的结构体。这一过程既可在空气中进行，也可在水中更好地实现，并能持续不断地发展形成所需的结构强度，以满足各种工程的需要。可以说水泥是土木工程中最重要的建筑材料之一。

水泥技术经过多年的发展，已形成众多品种。从组成上分为硅酸盐类水泥、铝酸盐类水及无熟料（少熟料）水泥等；从用途和性能上又可分为通用水泥和专用水泥等。路桥工程中涉及的水泥品种主要是通用型硅酸盐类水泥，其品种、组成和代号见表5-1，不同品种不同强度等级的通用硅酸盐水泥，其不同各龄期的强度应符合表5-2的规定。

表 5-1 通用硅酸盐水泥的组成和代号规定

品 种	代号	组 分 /%				
		熟料+石膏	粒化高炉矿渣	火山灰质混合材料	粉煤灰	石灰石
硅酸盐水泥	P·Ⅰ	100				
	P·Ⅱ	≥95	≤5			
		≥95				≤5
普通硅酸盐水泥	P·O	≥80且<95	>5且≤20			
矿渣硅酸盐水泥	P·S·A	≥50且<80	>20且≤50			
	P·S·B	≥30且<50	>50且≤70			
火山灰质硅酸盐水泥	P·P	≥60且<80		>20且≤40		
粉煤灰硅酸盐水泥	P·F	≥60且<80			>20且≤40	
复合硅酸盐水泥	P·C	≥50且<80	>20且≤50			

表 5-2 通用硅酸盐水泥不同龄期的强度

品 种	强度等级	抗压强度		抗折强度	
		3 d	28 d	3 d	28 d
硅酸盐水泥	42.5	≥17.0	≥42.5	≥3.5	≥6.5
	42.5R	≥22.0		≥4.0	
	52.5	≥23.0	≥52.5	≥4.0	≥7.0
	52.5R	≥27.0		≥5.0	
	62.5	≥28.0	≥62.5	≥5.0	≥8.0
	62.5R	≥32.0		≥5.5	
普通硅酸盐水泥	42.5	≥17.0	≥42.5	≥3.5	≥6.5
	42.5R	≥22.0		≥4.0	
	52.5	≥23.0	≥52.5	≥4.0	≥7.0
	52.5R	≥27.0		≥5.0	

续表

品　种	强度等级	抗压强度		抗折强度	
		3 d	28 d	3 d	28 d
矿渣硅酸盐水泥、火山灰质硅酸盐水泥、粉煤灰硅酸盐水泥	32.5	≥10.0	≥32.5	≥2.5	≥5.5
	32.5R	≥15.0		≥3.5	
	42.5	≥15.0	≥42.5	≥3.5	≥6.5
	42.5R	≥19.0		≥4.0	
	52.5	≥21.0	≥52.5	≥4.0	≥7.0
	52.5R	≥23.0		≥4.5	
复合硅酸盐水泥	42.5	≥15.0	≥42.5	≥3.5	≥6.5
	42.5R	≥19.0		≥4.0	
	52.5	≥21.0	≥52.5	≥4.0	≥7.0
	52.5R	≥23.0		≥4.5	

水泥混凝土是由无机胶结材料水泥和水、粗、细骨料按一定比例配制而成，经标准养护后具有一定的机械强度的人工复合石材。水泥混凝土一般分为两个阶段，即硬化前的新拌混凝土拌和物及硬化后水泥混凝土。其分类按胶凝材料分为无机和有机混凝土；按集料分为重集料、普通集料、轻集料、无细集料和无粗集料混凝土；按用途分为水工混凝土、海工混凝土道路混凝土、耐热混凝土等；按施工工艺分为现浇和预制混凝土，按配筋方式分为无筋有筋两种。按强度等级分为普通混凝土和高性能混凝土。

水泥及混凝土试验项目、取样频率及采用标准如表 5-3。

表 5-3　水泥及混凝土试验项目、取样频率与采用标准

样品名称	试验项目	取样方法及频率	采用标准
水泥	1.水泥细度； 2.标准稠度； 3.凝结时间； 4.安定性； 5.强度	每批次进场检验一次，每检验批代表数量袋装不超过 200 t，散装不超过 500 t。从 20 个以上不同部位取等量样品作为一组试样，样品总量不应少于 12 kg	1.《水泥取样方法》（GB 12573—2008）； 2.《通用硅酸盐水泥》（GB 175—2007）； 3.《标准稠度用水量、凝结时间、安定性检验方法》（GB/T 1346—2011）； 4.《公路工程水泥及水泥混凝土试验规程》（JTG 3420—2020）
混凝土	1.坍落度； 2.含气量； 3.凝结时间； 4.抗压强度； 5.路面弯拉强度（路面时做）	①浇筑一般体积的结构物时，每一单元结构物应制取 2 组；②连续浇筑大体积结构时，每 80~200 m³ 或每一工作班应制取 2 组；③路面弯拉强度试验每班留 2~4 组试件，日进度<500 m 取 2 组；≥500 m 取 3 组，≥1 000 取 4 组。在浇筑现场取样时，应从 3 处以上的不同部位抽取大致相同分量的代表样品	1.《公路工程质量检验评定标准》（JTG F80/1—2017）； 2.《公路工程水泥混凝土路面施工技术规范》（JTG 3420—2020）； 3.《混凝土质量控制标准》（GB 50164—2011）； 4.《混凝土强度检验评定标准》（GB/T 50107—2010）； 5.《普通混凝土拌合物性能试验方法标准》（GB/T 50080—2016）； 6.《普通混凝土力学性能试验方法》（GB/T 50081—2019）

第一节　水泥细度试验(负压筛析法)

一、试验目的

通过水泥颗粒粗细程度的测定，作为评定水泥品质的物理指标之一。

二、仪器设备

(1)试验用负压标准筛：筛孔尺寸为 80 μm 或 45 μm 方孔筛，并配有透明筛盖。试验筛每使用 100 次后需重新标定。

(2)负压筛析仪：能够产生 4 000~6 000 Pa 的负压。

(3)天平：不大于 0.01 g。

三、试验方法与步骤

(1)筛析试验前，应把负压筛放在筛座上，盖上筛盖，接通电源，检查控制系统，调节负压是否能够达到 4 000~6 000 Pa 范围内。否则，应清理吸尘器积尘物，以保证达到负压要求。

(2)称取 25 g 水泥试样 m_0，置于洁净的负压筛中，放在筛座上，盖上筛盖，开动筛析仪连续筛析 2 min，在此期间如有试样附着在筛盖上，可轻轻地敲击，使试样落下。筛毕，用天平称量全部筛余物 m_1。

四、结果计算与处理

水泥试样筛余百分数按式(5-1)计算：

$$F = \frac{m_1}{m_0} \times 100 \tag{5-1}$$

式中　F——水泥试样的筛余百分数(%)；

　　　m_1——水泥筛余物的质量(g)；

　　　m_0——水泥试样的质量(g)。

结果计算至 0.1%。

第二节　水泥标准稠度用水量确定

一、试验目的

水泥浆对标准试杆或试锥的沉入具有一定的阻力,通过针对不同用水量水泥净浆的穿透试验,以确定水泥净浆达到标准稠度所需的水量,以此作为水泥凝结时间和安定性两项物理指标测定时所需的水泥浆材料。

二、仪器设备

(1)维卡仪:带有一个可自由滑动并调节高度的金属棒,金属棒上带有指针,通过标尺指出在 0~70 mm 范围内可下降距离。滑动金属棒底端装上不同的附件时,可分别用于水泥标准稠度和凝结时间的测定。

(2)标准试杆:ϕ10 mm×50 mm。

(3)标准试锥:用于标准稠度测定时(代用法)所用的金属空心试锥,是水泥净浆标准稠度仪的金属棒上更换的附件之一。另有与试锥配套的锥模。

(4)盛装水泥净浆的圆台形试模:试模深度 40 mm±0.2 mm,顶内径 65 mm±0.5 mm,底径 75 mm±0.5 mm,每个试模配一个大于试模的平板玻璃。

(5)水泥浆搅拌机:水泥专用净浆搅拌设备,具有设定搅拌方式的功能。

(6)天平:量程 1 000 g,感量 1 g。

(7)量水器:最小刻度为 0.5 mL。

三、试验方法与步骤

1. 试验方法一:标准法

(1)水泥净浆的制备:将搅拌锅和搅拌叶片用湿布湿润,倒入根据经验估计的首次拌和用水。称取 500 g 待测水泥,在规定的 5~10 s 将水泥加到拌和锅内,小心防止有水或水泥溅出。将拌和锅安置在搅拌设备上,启动搅拌机,按照规定设置的搅拌方式搅拌(搅拌方式是高速搅拌 120 s,停 15 s,再高速搅拌 120 s)。

(2)完成搅拌后,随即将拌制好的水泥净浆装填入放在玻璃板上的圆台形试模中,用直边小刀轻轻拍打超出试模的水泥浆体 5 次,保证水泥浆装填密实。在试模上表面 1/3 处用小刀锯掉多余水泥,随后从试模边沿轻抹一次,使净浆表面光滑。

(3)立刻将试模移到维卡仪上(注意:维卡仪应事先调整试杆在接触玻璃板时指针对准刻度板零刻度),调整试杆正好与水泥净浆表面接触,拧紧螺丝,稍停片刻,突然打开紧固螺丝,使试杆垂直自由沉入水泥净浆中,在试杆停止沉入或释放试杆 30 s 时记录试杆至底板之间的距离。如试杆沉入净浆距底板 6 mm±1 mm 时,该水泥净浆为标准稠度净浆,此时拌和用水水量为该水泥的标准稠度用水量,以水和水泥质量比的百分率计。如未能实现上述试验结果,则应调整加水量重新试验,直至达到规定的试验结果。每次测试后升起试杆,要立即擦净试杆上水泥浆。

2. 试验方法二:代用法——代用维卡仪(试锥)法

(1)水泥净浆拌制方法与标准方法相同,但该代用法用水量多少可通过调整用水量法或固定用水量法两种方式来确定。

(2)在采用调整用水量法时,水泥仍称取 500 g,可根据经验先确定一个初步的拌制水泥净浆所需的水量。按标准方法拌好之后，立即将水泥浆装入锥模中，用小刀插捣5次，再轻振5次，保证水泥浆装填密实，刮去多余的水泥浆，抹平。随即将试锥模固定在稠度仪相应位置上，调整试锥的锥尖正好与净浆表面接触，此时指针对应的刻度为0。拧紧固定螺丝，稍过片刻，突然放松紧固螺丝，让试锥垂直自由沉入水泥净浆中。当试锥停止下沉或释放试锥30 s时记录试锥下沉深度(mm)，整个操作应在搅拌结束后1.5 min内完成。

以试锥下沉深度为30 mm±1 mm时的净浆为标准稠度净浆，此时其拌和水量为该水泥标准稠度用水量，以水和水泥质量的百分率计。如下沉深度不在要求范围之内，则需另称水泥试样，改变用水量，重新试验，直至试锥下沉深度在30 mm±1 mm（交通行标为28 mm±2 mm）范围为止。

(3)采用固定用水量方法时，水泥用量不变，仍是500 g。而拌和用水量固定采用142.5 mL。按上述调整用水量法操作步骤测定之后，根据试锥下沉深度S(mm)按下式计算得到标准稠度用水量P。

$$P = 33.4 - 0.185S \tag{5-2}$$

式中　P——水泥净浆标准稠度用水量(%)；
　　　S——试验时试锥下沉贯入深度(mm)。

第三节　水泥凝结时间测定

一、试验目的

通过测定水泥从加水时刻起，到水泥开始失去塑性和完全失去塑性产生凝固所需要的时间，来指导水泥拌制混凝土施工时的适宜施工周期。

二、仪器设备

(1)湿气护箱：可控温在20℃±1℃，相对湿度大于90%。
(2)试针：初凝用试针长度50 mm±1 mm、直径φ1.33 mm±0.05 mm；终凝用试针长度30 mm±1 mm，直径相同，但终凝试针下端带有一个环形附件。两种试针可滑动部分的总质量均为300 g±1 g。
(3)其他仪器设备同水泥净浆标准稠度试验。

三、试验方法与步骤

(1)采用标准稠度水泥净浆作为测定凝结时间的材料。将该净浆装满圆台形的试模，插捣、振实、刮平，立即放入湿气养护箱中。记录净浆搅拌时水泥全部加到水中的时刻，作为测定凝结时间的起始时间。
(2)首先进行初凝时间的测定。待测试样在养护箱中养护30 min时，进行第一次测定。

将试样从养护箱中取出，放在已更换了初凝用试针的标准维卡仪下，调整试针与水泥净浆的表面刚好接触。拧紧螺丝，稍停片刻，突然打开，使试针垂直自由地沉入水泥净浆中。观察试针停止下沉或释放试针 30 s 时试针的读数，当试针下沉至距底板 4 mm±1 mm 时，表征水泥达到初凝状态。由起始时间到初凝状态出现所经历的时间定义为初凝时间，用"min"表示。如未达到规定下沉状态，则继续养护，再次测定，直至测试结果呈现规定的状态。

(3) 接着继续进行终凝时间的测定。将完成初凝时间测定的圆台形试模从玻璃板上取下，翻转，直径大端朝上，小端朝下放在玻璃板上，然后将试样放入养护箱中继续养护。将带有环形附件的测针安装在维卡仪滑动杆上，在接近终凝时间时，每隔 15 min 测定一次，直到终凝试针沉入水泥试件表面 0.5 mm 时为止。即当只有试针在水泥表面留下痕迹，而不出现环形附件的圆环痕迹时，表征水泥达到终凝状态，由起始时间到出现规定状态所经历的时间定义为终凝时间，用"min"表示。

第四节　水泥安定性试验

一、试验目的

通过安定性试验，检测一些有害成分在水泥水化凝固过程中是否造成过量体积上的变化，以此对这些有害成分的不良影响程度进行判断。现行水泥安定性试验可检测出游离氧化钙引起的水泥体积变化，以判断水泥安定性是否合格。

二、仪器设备

(1) 沸煮箱：由耐锈蚀的金属制成的箱体，其有效容积为 410 mm×240 mm×310 mm，箱中试件架与加热器之间的距离大于 50 mm。

(2) 雷氏夹：由铜质材料制成，开口试模外侧带有两根长指针，当一根指针在根部悬挂在一根金属丝或尼龙丝上，另一根指针的根部挂上 300 g 质量的砝码时，两根指针的针尖距离增加值应为 17.5 mm±2.5 mm。而当去掉砝码后，针尖的距离应恢复到悬挂砝码之前的状态。

(3) 雷氏夹膨胀仪：用于测定雷氏夹指针尖端距离。

(4) 玻璃板、小抹刀（宽 10 mm）、直尺、黄油等。

(5) 5 其他仪器设备同标准稠度用水量试验。

三、试验方法与步骤

1. 试验方法一：雷氏夹法（标准法）

(1) 按标准稠度用水量确定的方法和结果，拌和水泥净浆。

(2) 将事先校准的雷氏夹放在涂有一薄层黄油的玻璃板上，把制备好的标准稠度水泥净浆装填在雷氏夹的试模里，并用小抹刀插捣3次，确保密实，然后抹平。每个水泥样品至少制备两个试样，再盖上一块涂油的玻璃板，放入养护箱中养护24 h±2 h。

(3) 沸煮试验前，首先调整好箱内水位，要求在整个沸煮过程中箱里的水始终能够没过试件，不可中途补水，同时要保证水在30 min±5 min内开始沸腾。

(4) 从养护箱中取出雷氏夹，去掉玻璃板，测量雷氏夹指针尖端的距离（记作 A），精确到 0.5 mm（下同）。随后将试件放入沸煮箱水中的试件架上，要求指针朝上，然后开始加热，使箱中的水在30 min内沸腾，并恒沸180 min±5 min。

(5) 沸煮结束后，立即放掉箱中的热水，打开箱盖，待冷却至室温，取出试件。再次测量雷氏夹指针尖端的距离（记作 C）。当两个雷氏夹试件沸煮后指针尖端增加的距离（$C-A$）的平均值不大于 5.0 mm 时，则认为该水泥安定性合格。当结果超出上述要求时，则应再做一次试验，以复检结果为准。

2. 试验方法二：试饼法（代用法）

(1) 将制备好的水泥标准稠度净浆取出一部分，分成相同的两份，先团成球形，放在事先涂有一层黄油的玻璃板上，在桌面上轻轻振动，并通过小刀由外向里地抹动，使水泥浆形成一个直径70～80 mm、中心厚约10 mm 而边缘渐薄且表面光滑的圆形试饼。按上述同样的方式养护 24 h±2 h。

(2) 从玻璃板上取下试件，先观察试饼外观有无缺陷。当无开裂、翘曲等缺陷时，放在沸煮箱的试样架上，按与上述雷氏夹试验同样的方法进行沸煮。

(3) 沸煮结束后，打开箱盖，待冷却至室温，取出试饼进行观察判断。当目测试饼未发现裂缝，且当钢直尺测量没有弯曲透光时，则认为相应水泥安定性合格。

四、注意事项

(1) 当雷氏夹法和试饼法试验结果相矛盾时，以雷氏夹法的结果为准。

(2) 在雷氏夹沸煮过程中，要避免雷氏夹指针相互交叉，以免对试验结果造成不必要的影响。

第五节　水泥强度试验

一、试验目的

通过采用ISO法，测定水泥的实际强度，并以此确定水泥强度等级。

二、仪器设备

(1) 胶砂搅拌机：由胶砂搅拌锅和搅拌叶片以及电动设备组成，搅拌锅可自由挪动，但也可很方便地固定在搅拌机底座上。搅拌时，叶片按顺时针进行自转的同时，也沿锅边逆时针公转。

(2)胶砂振实台：由装有两个对称偏心轮的电动机产生振动。

(3)试模：可同时成型 3 根尺寸为 40 mm×40 mm×160 mm 的棱柱体试件。

(4)(加砂)下料漏斗：由漏斗和模套组成。

(5)压力试验机：包括抗折试验机和抗压试验机。

(6)抗压试验夹具：受压面积 40 mm×40 mm。

(7)刮平尺和播料器。

(8)其他：试验筛、天平、量筒等。

(9)ISO 标准砂：可按每次用量时的单位小包装形式直接使用，也可按不同粒径分别包装，试验时按标准砂级配组成自行配制。标准砂颗粒组成如表 5-4 所示。

表 5-4　基准砂颗粒分布

筛孔边长/mm	累计筛余/%
2.00	0
1.60	7±5
1.00	33±5
0.50	67±5
0.16	87±5
0.08	99±1

三、试验方法与步骤

(1)胶砂组成：每锅胶砂材料组成为水泥∶标准砂∶水=450 g∶1 350 g∶25 mL。

(2)胶砂制备：事先将搅拌锅和搅拌叶片用湿抹布擦拭，再将所需水倒入搅拌锅内，随后加入水泥，将搅拌锅固定在机座上，上升至固定位置。立即开动机器，先低速搅拌 30 s，在第二个 30 s 开始的同时均匀地将砂子通过加砂漏斗加到锅中，再高速搅拌 30 s，停拌 90 s 后，再高速搅拌 60 s。注意在最后 1 min 搅拌时，要将锅壁上粘的胶砂刮入锅内。

(3)胶砂试件成型：先把试模和模套固定在振动台上，用小勺从搅拌锅中将胶砂分两层装入试模。装第一层时用大播料器垂直架在模套顶部，将料层播平，随后振实 60 次。再装第二层胶砂，用小播料器播平，再振实 60 次。随后去掉套模，从振实台上卸下试模，用一金属直尺以近似垂直的角度在试模模顶的一端，沿试模长度方向以割锯动作慢慢向另一端移动，将试模上多余的胶砂刮去，并用直尺将试件表面抹平。

(4)试样养护：对试模做标记，带模放置在养护室或养护箱中养护，直到规定的脱模(大多为 24 h)。脱模时先在试件上进行编号，注意进行两个龄期以上的试验时，要将一个试模中的 3 根试件分别编在两个以上的龄期内。随后将试件水平(也可竖直)放在 20℃±1℃ 的水中养护，彼此间保持一定间隔。养护期间保证水面超过试件 5 mm，需要时要及时补充水量，但不允许养护期间全部换水。

(5)强度试验：养护至规定龄期时，从养护环境中取出待测试件，进行强度测定。

抗折强度测定：将试体一个侧面放在试验机支撑圆柱上，试体长轴垂直于支撑圆柱，通过加荷圆柱以 50 N/s±10 N/s 的速率均匀地将荷载垂直地加在棱柱体相对侧面上,直至折断。保持两个半截棱柱体处于潮湿状态直至抗压试验。

抗压强度测定:将经抗折试验折断的半截棱柱体放入抗压夹具,并保证半截棱柱体中心与试验机压板的中心差应在±0.5 mm 内,棱柱体露出抗压夹具压板的部分约有 10 mm。

在整个加荷过程中,以 2 400 N/s±200 N/s 的速率均匀地加荷直至破坏。

四、结果计算

(1)其抗折强度 R_f 以牛顿每平方毫米(MPa)表示,按式(5-3)进行计算:

$$R_f = \frac{1.5F_f L}{bh^2} \tag{5-3}$$

式中　F_f——折断时施加于棱柱体中部的荷载(N);
　　　L——支撑圆柱之间的距离(mm);
　　　b——棱柱体正方形截面的边长(mm)。

试验结果处理:以一组 3 个棱柱体抗折结果的平均值作为试验结果。3 个强度值中超出平均值±10%的值应剔除,再取平均值作为抗折强度结果。各试体的抗折强度记录至 0.1 MPa,计算精确至 0.1 MPa。

(2)抗压强度 R_c 以牛顿每平方毫米(MPa)表示,按式(5-4)进行计算:

$$R_c = \frac{F_c}{A} \tag{5-4}$$

式中　F_c——破坏时的最大荷载(N);
　　　A——受压部分面积(mm²)。

试验结果处理:以一组 3 个棱柱体上得到的 6 个抗压强度测定值的算术平均值作为试验结果。当 6 个测定值中有 1 个超出 6 个平均值±10%时,就应剔除这个结果,然后取其他平均值作为抗压强度结果;如果 5 个测定值中再有超出它们平均数±10%的,则此组结果作废。各个半个棱柱体的单个抗压强度记录至 0.1 MPa,平均值计算精确至 0.1 MPa。

五、注意事项

(1)强度试验时试件的龄期确定:试件龄期是从水泥和水搅拌开始混合时算起,不同龄期强度试验按照不同的时间限定范围来确定。

——24 h±15 min;
——48 h±30 min;
——72 h±45 min;
——7 d±2 h;
——>28 d±8 h。

(2)任何到龄期的试体应在破型前 15 min 从水中取出,揩去试体表面沉积物,并用湿布覆盖至试验为止。

(3)进行抗压试验时,要选择适宜的加载量程,使试件破坏时达到的最大加载值在所选量程的20%~80%为宜。

第六节　混凝土坍落度试验

一、试验目的

通过坍落度试验,综合评价新拌混凝土的工作性。坍落度试验适用于坍落度值大于 10 mm,集料公称最大粒径不大于 31.5 mm 的混凝土。

二、仪器设备

(1)混凝土搅拌设备。
(2)坍落筒:金属铁皮制成。
(3)捣棒:直径 16 mm,长约 650 mm,用于插捣的一端为半圆形。
(4)其他:小铁锹、装料漏斗、馒刀、钢尺等。

三、试验方法与步骤

(1)拌和,如采用搅拌机拌和,首先用与实际混凝土相同的砂浆在拌和机内部进行涮膛,以避免正式拌和混凝土时水泥砂浆黏附在搅拌机上,改变原有混凝土的材料组成。将称好的粗集料、细集料和水泥分别加入到拌和机中,先搅拌均匀后,徐徐加入所需的水。继续搅拌 2 mim,将拌和物倒在铁板上,人工再翻拌 1~2 mim。

如用人工拌和,先称取水泥和砂倒在拌和板上搅拌均匀,再称出石子一起拌和。将料堆的中心扒开,倒入所需水的一半,仔细拌和均匀后,再倒入剩余的水,继续拌和至均匀。大约拌和时间为 4~5 min。无论是机械拌和还是人工拌和,所需时间不宜超过 5 min。

(2)用湿布抹湿坍落度和铁锹、拌和板等用具。将漏斗放在坍落筒上,脚踩踏板,拌合物分 3 层装入筒内,每层装填的高度稍大于筒高的 1/3。每层用捣棒沿螺旋线由边缘至中心插捣 25 次,要求最底层插捣至底部,其他两层插捣至下层一般 20~30 mm。

(3)装填插捣结束后,用馒刀刮去多余的拌合物,抹平筒口,清除筒底周围的混凝土。随即立即提起坍落度筒,操作过程在 5~10 s 内完成,要注意提筒时防止对装填的混凝土产生横向扭矩力作用。

(4)将坍落筒放在已坍落的拌合物一旁,筒顶平放一个朝向拌合物的直尺,用钢尺量出直尺底面到试样顶点的垂直距离,该距离定义为混凝土拌合物的坍落度,以 mm 为单位,确至 1 mm。

(5)对坍落的拌合物做进一步的观察,用捣棒轻轻敲击拌合物。如在敲击过程中坍落的混凝土体渐渐下沉,表示黏聚性较好;如敲击时混凝土体突然折断,或崩解、石子散落,则说明混凝土黏聚性差。

(6)观察整个试验过程中是否有水从拌合物中析出,如混凝土体的底部有少量水分析出,混凝土拌合物表面也无泌水现象,则说明混凝土的保水性较好;否则,如果底部明显有水分流或混凝土表面出现泌水现象,则表示混凝土的保水性不好。

(7)当混凝土拌合物的坍落度大于 220 mm 时,用钢尺测出混凝土坍落度结束扩展后的最大直径和最小直径,在这两个直径之差小于 50 mm 的条件下,用其算术平均值作为坍落扩展度。但两者的差值超出 50 mm 时,此次试验无效。

除上述操作之外,还可针对所谓的棍度以上、中、下进行描述,对含砂情况采用多、中、少进行评价。由此可见,混凝土拌合物工作性的描述是一种带有经验性的综合评述过程。

第七节 混凝土拌合物体积密度测定

一、试验目的

通过新拌混凝土捣实后的体积密度的测定,用于修正和确定混凝土的材料配合比组成。

二、仪器设备

(1)试样筒:钢性金属圆筒,筒外壁两侧应有提手。对于集料最大粒径不大于 31.5 mm 的混凝土拌合物,宜采用容积不小于 5 L 的容量筒,其内径与内高均为 186 mm ± 2 mm,壁厚不应小于 3 mm。对于集料最大粒径大于 31.5 mm 的拌合物所采用容量筒,其内径与内高均应大于集料最大粒径的 4 倍。容量筒上沿及内壁应光滑平整,顶面与底面应平行,并应与圆柱体的轴垂直。

(2)圆头捣棒:直径为 16 mm,长约 600 mm,并具有半球形端头的钢质圆棒。

(3)电子天平:最大量程不小于 50 kg,感量不大于 10 g。

(4)其他:振动台、直尺镘刀、玻璃板等。

三、试验方法与步骤

(1)试验前用湿布擦拭已明确体积的容量筒内外,称取质量 m_1,精确至 10 g。

(2)当坍落度大于 90 mm 时,宜用捣棒插捣密实。插捣时,应根据容量筒的大小决定分层与插捣次数。用 5 L 容量筒,将混凝土分两层装入,每层插捣 25 次;用大于 5 L 的容量筒时,每层混凝土的高度不应大于 100 mm,每层插捣次数按每 10 000 mm^2 截面不小于 12 次计算;捣棒从边缘到中心沿螺旋线均匀插捣。捣棒应垂直压下,不得冲击,捣底层时应至筒底,捣上两层时须插入其下一层一般 20~30 mm。每捣毕一层,应用橡皮锤沿容量筒外壁拍打 5~10 次,直至拌合物表面插捣孔消失并不见大泡为止。

当坍落度不大于 90 mm 时,宜采用振动台振实。一次性装满容量筒,固定在振动台上进行振动。当振动过程中发现混凝土低于筒口时,补加混凝土,振动至混凝土表面出现水泥浆为止。

(3)用金属直尺齐筒口刮去多余的混凝土,用馒刀抹平表面,并用玻璃板检验,而后擦干容量筒外部,称其质量记作 m_2,精确至 10 g。

四、结果计算

混凝土拌合物的体积密度通过式(5-5)计算:

$$p_h = \frac{m_2 - m_1}{V} \tag{5-5}$$

式中　p_h——混凝土拌合物的体积密度(kg/L);
　　　m_2——捣实或振实后混凝土和容量筒的质量之和(kg);
　　　m_1——容量筒质量(kg);
　　　V——容量筒体积(L)。

第八节　水泥混凝土试件的制作与养护

一、试验目的

标准的混凝土成型方法和养护方式,是进行混凝土最重要的技术性质——力学强度的基本要求,通过试验掌握正确的混凝土试件制作方法和养护条件。

二、仪器设备

(1)振动(台)机:振动频率(3 000±200)次/min,负荷时的振幅为 0.35 mm。
(2)试模:由铸铁或钢制成,相应的几何尺寸如表5-5所示。
(3)其他:馒刀、捣棒、金属直尺、湿布等。

表5-5　常用水泥混凝土试模尺寸及换算系数

试验内容	试模内部尺寸/(mm×mm×mm)		集料公称最大粒径/mm	尺寸换算系数
立方体抗压强度	标准试件	150×150×150	31.5	1.00
	非标准试件	200×200×200	53.0	1.05
		100×100×100	26.5	0.95
立方体抗折强度	标准试件	150×150×550(600)	31.5	1.00
	非标准试件	100×100×100	31.5	0.85
立方体劈裂抗拉强度	标准试件	150×150×150	31.5	1.00
	非标准试件	100×100×100	26.5	0.85

三、试验方法与步骤

1. 试件成型

(1)装配好试模,避免组装变形或使用变形试模,并在试模内部涂抹薄薄一层脱模剂。

(2)将符合工作性要求的拌和物在 15 min 之内装填入试模中。根据混凝土拌和坍落度高低,选择合适的密实方法:

①当坍落度小于 25 mm 时,可采用 $\phi25$ mm 插入式振捣棒成型。将拌和物一次装入试模并适当高出,在此过程中还可用抹刀沿各试模壁插捣。用振捣棒距板底 10~20 mm 插入振捣,直至表面出浆为止。应避免过振,防止混凝土离析,振捣时间为 20 s。缓慢拔出振捣棒,避免留下孔洞。用抹刀刮去多余混凝土,在临近初凝时,用抹刀抹平。

②当坍落度大于等于 25 mm 且小于等于 90 mm 时,用标准振动台成型。将已装满且稍有富余拌和物的试模固定在振动台上,接电源振动至表面出现水泥浆为止,时间一般不超过 90 s。振动结束后,用金属直尺沿试模边缘刮去多余混凝土,用抹刀抹平表面。待试件收浆后,再次用抹刀将试件表面仔细抹平。

③当坍落度大于 90 mm 时,用人工成型。将拌和物分两层装填在试模中,用捣棒以螺旋形从边缘向中心均匀插捣。插捣底层混凝土时,捣棒应达到模底;插捣上层时,捣棒应深入到下层 20~30 mm 处,注意插捣时要以用力下压而不是冲击的方式。每插捣完一层,用橡皮锤敲击试模外壁 10~15 次。100 cm^2 截面积内每层插捣次数不得少于 12 次。

④每种方式成型的试件表面与试模表面边缘高低差不得超过 0.5 mm。

2. 养护方法

(1)成型好的试模上覆盖湿布,防止水分蒸发。在室温(20±5)℃、相对湿度大于 50%的条件下静置 1~2 d。时间到达后拆模,进行外观检查、编号,并对局部缺陷进行加工修补。

(2)将试件移至标准养护室的架子上,彼此间应有 30~50 mm 的间距。养护条件温度(20±2)℃、相对湿度 95%以上,直至到规定龄期。

第九节 水泥混凝土抗压强度试验

一、试验目的

通过混凝土抗压强度试验,以确定混凝土强度等级,作为评定混凝土品质的重要指标。

二、仪器设备

(1)压力机或万能试验机:能够满足混凝土加载吨位的要求。设备的球座材质坚硬,转动灵活。

(2)金属直尺。

三、试验方法与步骤

(1)将养护到指定龄期的混凝土试件取出,擦除表面水分。检查测量试件外观尺寸,看是否有几何形状变形。试件如有蜂窝缺陷,可以在试验前 3 天用水泥浆填补修整,但需在报告中加以说明。

(2)以成型时的侧面作为受压面,将混凝土置于压力机中心并位置对中。施加荷载时,对于强度等级小于 C30 的混凝土,加载速度为 0.3~0.5 MPa/s;对于强度等级大于 C30、小于 C60 的混凝土,取 0.5~0.8 MPa/s 的加载速度;对于强度等级大于 C60 的混凝土,取 0.8~1.0 MPa/s 的加载速度。当试件接近破坏而开始迅速变形时,应停止调整试验机的油门,直至试件破坏,记录破坏时的极限荷载。

四、结果计算

水泥混凝土抗压强度通过式(5-6)计算:

$$f_{cu} = k \cdot \frac{F_{max}}{A_0} \tag{5-6}$$

式中 f_{cu} ——水泥混凝土抗压强度(MPa);

F_{max} ——极限荷载(N);

A_0 ——试件受压面积(mm);

k ——尺寸换算系数(见表 5-5 的相关数据)。

以 3 个试件测值的算术平均值为测定值。如任一个测值与中值的差超过中值的 15%时,则取中值为测定值;如有两个测值的差值均超过上述规定,则该组试验结果无效。试验结果计算至 0.1 MPa。

第十节 水泥混凝土抗弯拉强度试验

一、试验目的

水泥混凝土抗弯拉强度,又称抗折强度,是混凝土主要力学指标之一,通过试验取得的检测结果作为路面混凝土组成设计的重要参数。

二、仪器设备

(1)万能试验机或具有 50~300 kN 的抗折机。

(2)抗折加载试验装置:由双点加载压头和活动支座组成。如图 5-1。

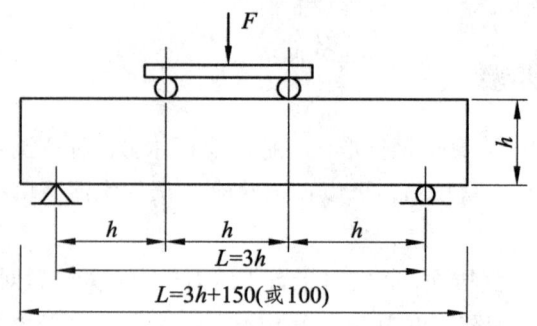

图 5-1 抗折试验装置图(尺寸单位:mm)

三、试验方法与步骤

(1)将达到规定龄期的抗折试件取出,擦干表面,检查试件,如发现试件中部 1/3 长度内有蜂窝等缺陷,则该试件废弃。

(2)从试件一端量起,分别在距端部的 50 mm、200 mm、350 mm 和 500 mm 处画出标记,分别作为支点(50 mm 和 500 mm 处)以及加载点(200 mm 和 350 mm 处)的具体位置。

(3)调整万能机上两个可移动支座,使其准确对准试验机下压头中心点距离两侧各 225 mm,随后紧固支座。将抗折试件放在支座上,且侧面朝上。

施加荷载时应保持均匀,连续。当混凝土的强度等级小于 C30 时,加荷速度为 0.02~0.05 MPa/s;当混凝土的强度等级大于等于 C30 且小于 C60 时,加荷速度为 0.05~0.08 MPa/s;当混凝土的强度等级大于等于 C60 时,加荷速度为 0.08~0.10 MPa/s;试件接近破坏而开始迅速变形时,不再增加油门,直至试件破坏。

四、结果计算

(1)水泥混凝土的抗折强度通过式(5-7)计算:

$$f_{cf} = \frac{FL}{bh^2} \tag{5-7}$$

式中 f_{cf}——抗折强度(MPa);

F——极限荷载(N);

L——支座间距(450 mm);

b,h——试件的宽和高(标准尺寸均为 150 mm)。

注:断面位置在试件断块短边一侧的底面中轴线上量得。

(2)试验结果数据处理:

以 3 个试件测值的算术平均值为测定值。如任一个测值与中值的差超过中值的 15%时,则取中值为测定值;如有两个测值的差值均超过上述规定,则该组试验结果无效。试验结果计算至 0.1 MPa。

3个试件中若有一个折面位于两个集中荷载之外,则混凝土抗折强度值按另外两个试件的试验结果计算。若这两个测值的差值不大于这两个测值的较小值的15%时,则该组试件的抗折强度值按这两个测值的平均值计算,否则该组试件的试验无效。若有两个试件的下边缘断裂位置位于两个集中荷载作用线之外,则该组试件试验无效。

第十一节 水泥混凝土轴心抗压强度试验

一、试验目的

测定混凝土棱柱体轴心抗压强度,以提出设计参数和抗压弹性模量试验荷载标准。

二、仪器设备

试模尺寸为150 mm×150 mm×300 mm卧式棱柱体试模,其他所需设备与抗压强度试验相同。

三、试验步骤

(1)按规定方法制作150 mm×150 mm×300 mm棱柱体试件3根,在标准养护条件下,养护至规定龄期。

(2)取出试件,清除表面污垢,擦干表面水分,仔细检查后,在其中部量出试件宽度(精确至1 mm),计算试件受压面积。在准备过程中,要求保持试件湿度无变化。

(3)在压力机下压板放好棱柱体试件,几何对中;球座最好放在试件顶面并凸面朝上。

(4)以与立方抗压强度试验相同的加荷速度,均匀而连续地加荷,当试件接近破坏而开始迅速变形时,应停止调整试验机油门,直至试件破坏,记录最大荷载。

四、结果计算

(1)混凝土轴心抗压强度f_{cp}(以MPa表示)按式(5-8)计算:

$$f_{cp} = \frac{F}{A} \tag{5-8}$$

式中 F——破坏荷载(N);

A——试件承压面积(mm^2)。

(2)取3根试件试验结果的算术平均值作为该组混凝土轴心抗压强度。如任一个测定值与中值的差值超过中值的15%时,则取中值为测值;如有2个测定值与中值的差值均超过上述规定时,则该组试验结果无效。结果精确至0.1 MPa。

(3)采用非标准尺寸试件测得的轴心抗压强度,应乘以尺寸系数,对200 mm×200 mm截面试件为1.05,对100 mm×100 mm截面试件为0.95。

第十二节 水泥混凝土劈裂抗拉强度试验(立方体试件)

一、试验目的

测定混凝土的劈裂抗拉强度,了解混凝土抗拉性能。

二、仪器设备

(1)劈裂钢垫条和三合板垫层(或纤维板垫层),如图 5-2 所示。

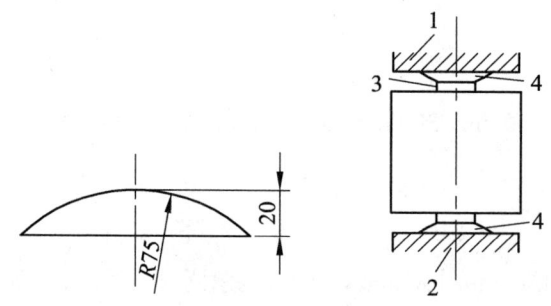

1—上压板;2—下压板;3—垫层;4—垫条。

图 5-2 劈裂试验示意图(尺寸单位:mm)

(2)钢垫条顶面为直径 150 mm 弧形,长度不短于试件边长。木质三合板或硬质纤维板垫层的宽度为 15~20 mm,厚为 3~4 mm,垫层不得重复使用。

三、试验方法与步骤

(1)试件从养护地点取出后,擦拭干净,测量尺寸,检查外观,在试件中部画出劈裂面位置线。劈裂面与试件成型时的顶面垂直,尺寸测量精确至 1 mm。

(2)试件放在球座上,几何对中,放妥垫层垫条,其方向与试件成型时顶面垂直。

应连续而均匀地加荷,当上压板与试件接近时,调整球座时接触均衡,当试件接近破坏时应停止调整油门,直至试件破坏,记下破坏荷载,准确至 0.01 kN。

加荷速度:

0.02~0.05 MPa/s(混凝土强度等级低于 C30 时)

0.05~0.08 MPa/s(混凝土强度等级不低于 C30 时)

四、结果计算

(1)混凝土劈裂抗拉强度应按式(5-9)计算:

$$f_{ts} = \frac{2F}{\pi A} = 0.637 \frac{F}{A} \tag{5-9}$$

式中　f_{ts}——混凝土劈裂抗拉强度(MPa),精确到 0.01 MPa;

　　　F——试件破坏荷载(N);

　　　A——试件劈裂面面积(mm^2)。

(2)强度值的确定应符合下列规定:

①3 个试件测值的算术平均值作为该组试件强度值(精确至 0.01 MPa)。

②3 个测值中的最大值或最小值中如有一个与中间值的差值超过中间值的 15%时,则把最大及最小值一并舍除,取中间值作为该组试件的抗压强度值。

③如最大值和最小值与中间值的差均超过中间值的 15%,则该组试件的试验结果无效。

(3)采用 100 mm×100 mm×100 mm 非标准试件测得的劈裂抗拉强度值,应乘以尺寸换算系数 0.85;当混凝土强度等级≥C60 时,宜采用标准试件,使用非标准试件时,尺寸换算系数应由试验确定。

第十三节　水泥混凝土抗压弹性模量试验(棱柱体试件)

一、试验目的

测定混凝土静力抗压弹性模量(简称弹性模量)表征抵抗弹性应变的能力。

二、仪器设备

(1)压力试验机,应符合《液压式压力试验机》(GB/T 3277)及《试验机通用技术要求》(GB/T 2611)中的技术要求,其测量精度为±1%,试件破坏荷载应大于压力机全量程的 20%且小于压力机全量程的 80%。

(2)微变形测量仪,测量精度不得低于 0.001 mm,微变形测量固定架的标距应为 150 mm。

三、试件制备

每组为同龄期同条件制作和养护的试件 6 根,其中 3 根用于测定轴心抗压强度,提出弹性模量试验的加荷标准,另 3 根则做弹性模量试验。

四、试验步骤

(1) 试件从养护地点取出后先将试件表面与上下承压板面擦干净。

(2) 取 3 个试件按标准方法，测定混凝土的轴心抗压强度 (f_{cp})。另 3 个试件用于测定混凝土的弹性模量。

(3) 在测定混凝土弹性模量时，变形测量仪应安装在试件两侧的中线上并对称于试件的两端。

(4) 应仔细调整试件在压力试验机上的位置，使其轴心与下压板的中心线对准。开动压力试验机，当上压板与试件接近时调整球座，使其接触均衡。

(5) 加荷至基准应力为 0.5 MPa 的初始荷载值 F_0，保持恒载 60 s 并在以后的 30 s 内记录每测点的变形读数 ε_0。然后立即连续均匀地加荷至应力为轴心抗压强度 f_{cp} 的 1/3 的荷载值 F_a，保持恒载 60 s 并在以后的 30 s 内记录每一测点的变形读数 ε_a。所用加荷速度应符合试件加荷制度，见图 5-3。

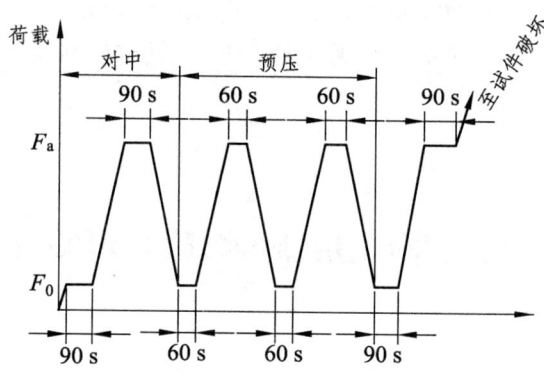

图 5-3 弹性模量试样加荷制度方法示意图

说明：1.90 s 包括 60 s 持荷 30 s 读数；2.60 s 为持荷。

(6) 以上这些变形值之差与它们平均值之比大于 20%时，应重新对中试件后重复上一步骤。如果无法使其减少到低于 20%时，则此次试验无效。

(7) 在确认试件对中并符合第 6 款规定后，以与加荷速度相同的速度卸荷至基准应力 0.5 MPa(F_0)，恒载 60 s；然后用同样的加荷和卸荷速度以及 60 s 的保持恒载(F_0 及 F_a)至少进行两次反复预压。在最后一次预压完成后，在基准应力 0.5 MPa(F_0) 持荷 60 s 并在以后的 30 s 内记录每一测点的变形读数 ε_0；再用同样的加荷速度加荷至 F_a，持荷 60 s 并在以后的 30 s 内记录每一测点的变形读数 ε_a。

(8) 卸除变形测量仪，以同样的速度加荷至破坏，记录破坏荷载；如果试件的抗压强度与 f_{cp} 之差超过 f_{cp} 的 20%时，则应在报告中注明。

五、结果计算

(1) 混凝土弹性模量值应按式(5-10)计算：

$$E_c = \frac{F_a - F_0}{A} \times \frac{L}{\Delta n} \tag{5-10}$$

式中 E_c——混凝土弹性模量(MPa)，精确至100；
F_a——应力为1/3轴心抗压强度的荷载(N)；
F_0——应力为0.5 MPa时的初始荷载(N)；
A——试件承压面积(mm^2)；
L——测量标距(mm)；
Δn——最后一次从F_0加荷至F_a时试件两侧变形的平均值(mm)，按式(5-11)计算。

$$\Delta n = \varepsilon_a - \varepsilon_0 \tag{5-11}$$

式中 ε_a——F_a时试件两侧变形的平均值(mm)；
ε_0——F_0时试件两侧变形的平均值(mm)。

(2) 弹性模量按3个试件测值的算术平均值计算。如果其中有一个试件轴心抗压强度值与用以确定检验控制荷载的轴心抗压强度值相差超过后者的20%时，则弹性模量值按另两个试件测值的算术平均值计算；如有两个试件超上述规定，则此次试验无效。

思 政 小 记

混凝土的碳影响

混凝土是世界上使用最广泛的建筑材料之一，占全球人为二氧化碳(CO_2)排放量的6%~10%。混凝土混合物中各成分的比例对碳排放的影响很大。其中，硅酸盐水泥(也称为波特兰水泥)是混凝土的主要成分，也是混凝土碳排放的主要来源。在水泥生产过程中大约40%的二氧化碳排放量来源于化石燃料的燃烧，剩余60%来源于加工过程中自然发生的化学反应。减少水泥用量是减少混凝土碳足迹最有效的方法。

另外，发明新型混凝土对减少碳足迹会产生更好的效果。如：由科罗拉多大学博尔德分校的科学家们研发的"活体混凝土"，它们由砂子、水凝胶和细菌制成，能够自我修复裂缝，具有"指数级"的创造能力，这不仅能降低未来建筑物的安全风险，而且还能大大减少二氧化碳的排放量。

第六章 沥青与沥青混合料试验

沥青是一种由高分子碳氢化合物及其衍生物组成的、黑色或深褐色、不溶于水而几乎全溶于二硫化碳的非晶态有机材料。其化学组成按三组分分析法可分为油分、树脂、沥青质。按四组分分析法可分为沥青质、胶质、饱和分、芳香分。沥青的种类很多，按产源可分为地沥青和焦油沥青，地沥青主要包括石油沥青和天然沥青，焦油沥青包括煤沥青和木沥青。建筑工程中主要用的是石油沥青和煤矿沥青。石油沥青按主要用途可分为：道路石油沥青、建筑石油沥青、防水防潮石油沥青和普通石油沥青。石油沥青的牌号主要是根据针入度、延度和软化点指标划分的，并以针入度值表示。

按现行有关规范规定沥青常规检验针入度、延度、软化点三大指标。组批原则为道路石油沥青以同一厂家、同一品种、同一标号，每50 t为一批，不足50 t也按一批。建筑沥青以同一厂家、同一品种、同一标号，每20 t为一批，不足20 t也按一批。取样数量：黏稠或固体沥青不少于1.5 kg；液体沥青不少于1 L；沥青乳液不少于4 L。判定规则：只要沥青任一指标不合格，则该批沥青不合格。

沥青混合料是经人工合理选择级配组成的矿质混合料（包括粗集料、细集料和填料），与适量沥青结合料（包括沥青类材料及添加的外掺剂、改性剂等）拌和而成的混合料。沥青混合料经摊铺、压实成型后成为沥青路面。沥青路面属于柔性路面，力学性能好，表面平整无接缝，振动小，噪声低，行车舒适，耐磨性好，施工期短，能及时开放交通，养护维修简便，适宜于分期修建，是现代高等级公路主要的路面结构形式。

沥青混合料的分类：

(1)按沥青种类分类，分为石油沥青混合料和改性沥青混合料。

(2)按集料的公称最大粒径分类：

特粗式沥青混合料：矿料公称最大粒径分为37.5 mm。

粗粒式沥青混合料：矿料公称最大粒径分为26.5 mm和31.5 mm。

中粒式沥青混合料：矿料公称最大粒径分为16 mm和19 mm。

细粒式沥青混合料：矿料公称最大粒径分为9.5 mm和13.2 mm。

砂粒式沥青混合料：矿料公称最大粒径分为4.75 mm。

(3)按矿质材料的级配类型分，分为连续级配沥青混合料和间断级配沥青混合料。

(4)按矿料级配组成及空隙率大小，分为密级配沥青混合料、半开级配沥青碎石混合料和开级配沥青混合料。

(5)按施工工艺来分，分为热拌热铺沥青混合料、冷拌冷铺沥青混合料和再生沥青混合料。

(6)按沥青混合料的用途分：在道路工程中主要采用热拌热铺沥青混合料，称之为路用沥青混合料；如用于机场道面，则称为机场道面沥青混合料；用于大桥桥面铺装，则称为桥面铺装用沥青混合料；稀浆封层沥青混合料等。

第一节　针入度试验

一、目的与适用范围

本方法适用于测定道路石油沥青、改性沥青针入度以及液体石油沥青蒸馏或乳化沥青蒸发后残留物的针入度。用本方法评定聚合物改性沥青的改性效果时，仅适用于融混均匀的样品。

二、仪具与材料

(1)针入度仪(图6-1)：凡能保证针和针连杆在无明显摩擦下垂直运动，并能指示针贯入深度准确至 0.1 mm 的仪器均可使用。针和针连杆组合件总质量为 50 g±0.05 g，另附 50 g±0.05 g 砝码 1 只，试验时总质量为 100 g±0.05 g。当采用其他试验条件时，应在试验结果中注明。仪器设有放置平底玻璃保温皿的平台，并有调节水平的装置，针连杆应与平台相垂直。仪器设有针连杆制动按钮，使针连杆可自由下落。针连杆易于装拆，以便检查其质量。仪器还设有可自由转动与调节距离的悬臂，其端部有一面小镜或聚光灯泡，借以观察针尖与试样表面接触情况。当为自动针入度仪时，各项要求与此项相同，温度采用温度传感器测定，针入度值采用位移计测定，并能自动显示或记录，且应对自动装置的准确性经常校验。为提高测试精密度，不同温度的针入度试验宜采用自动针入度仪进行。

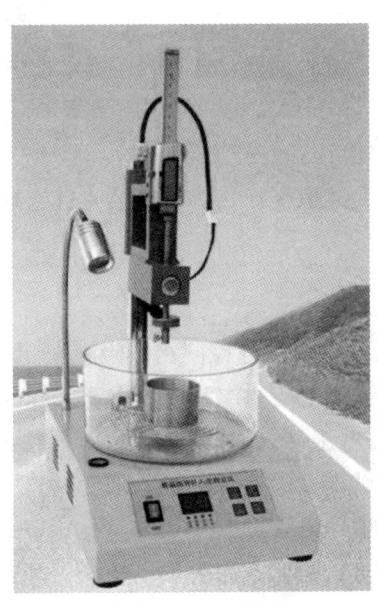

图 6-1　针入度仪

(2)标准针由硬化回火的不锈钢制成,洛氏硬度 HRC54~60,表面粗糙度 Ra=0.2~0.3 μm,针及针杆总质量 2.5 g±0.05 g,针杆上应打印有号码标志,针应设有固定用装置盒(筒),以免碰撞针尖,每根针必须附有计量部门的检验单,并定期进行检验。

(3)盛样皿:金属制,圆柱形平底。小盛样皿的内径 55 mm,深 35 mm(适用于针入度小于 200);大盛样皿内径 70 mm,深 45 mm(适用于针入度 200~350);对针入度大于 350 的试样需使用特殊盛样皿,其深度不小于 60 mm,试样体积不少于 125 mL。

(4)恒温水槽:容量不少于 10 L,控温的准确度为 0.1℃。水槽中应设有一带孔的搁架,位于水面下不得少于 100 mm,距水槽底不得少于 50 mm 处。

(5)平底玻璃皿:容量不少于 1 L,深度不少于 80 mm。内设有一不锈钢三脚支架,能使盛样皿稳定。

(6)温度计:0~50℃,分度为 0.1℃。

(7)秒表:分度 0.1 s。

(8)盛样皿盖:平板玻璃,直径不小于盛样皿开口尺寸。

(9)溶剂:三氯乙烯等。

(10)其他:电炉或砂浴、石棉网、金属锅或瓷把坩埚等。

三、方法与步骤

1. 准备工作

(1)按要求准备试样。

(2)按试验要求将恒温水槽调节到要求的试验温度 25℃,或 15℃、30℃(5℃),保持稳定。

(3)将试样注入盛样皿中,试样高度应超过预计针入度值 10 mm,并盖上盛样皿,以防落入灰尘。盛有试样的盛样皿在 15~30℃室温中冷却 1~1.5 h(小盛样皿)、1.5~2 h(大盛样皿)或 2~2.5 h(特殊盛样皿)后移入保持规定试验温度±0.1℃的恒温水槽中 1~1.5 h(小盛样皿)、1.5~2 h(大盛样皿)或 2~2.5 h(特殊盛样皿)。

(4)调整针入度仪使之水平。检查针连杆和导轨,以确认无水和其他外来物,无明显摩擦。用三氯乙烯或其他溶剂清洗标准针,并擦干。将标准针插入针连杆,用螺丝固紧。按试验条件,加上附加砝码。

2. 试验步骤

(1)取出达到恒温的盛样皿,并移入水温控制在试验温度±0.1℃(可用恒温水槽中的水)的平底玻璃皿中的三脚支架上,试样表面以上的水层深度不少于 10 mm。

(2)将盛有试样的平底玻璃皿置于针入度仪的平台上。慢慢放下针连杆,用适当位置的反光镜或灯光反射观察,使针尖恰好与试样表面接触。拉下刻度盘的拉杆,使与针连杆顶端轻轻接触,调节刻度盘或深度指示器的指针指示为零。

(3)开动秒表,在指针正指 5 s 的瞬间,用手紧压按钮,使标准针自动下落贯入试样,经规定时间,停压按钮使针停止移动。

注:当采用自动针入度仪时,计时与标准针落下贯入试样同时开始,至 5 s 时自动停止。

(4)拉下刻度盘拉杆与针连杆顶端接触,读取刻度盘指针或位移指示器的读数,准确至 0.5(0.1 mm)。

(5)同一试样平行试验至少 3 次,各测试点之间及与盛样皿边缘的距离不应少于 10 mm。每次试验后应将盛有盛样皿的平底玻璃皿放入恒温水槽,使平底玻璃皿中水温保持试验温度。每次试验应换一根干净标准针或将标准针取下用蘸有三氯乙烯溶剂的棉花或布揩净,再用干棉花或布擦干。

(6)测定针入度大于 200 的沥青试样时,至少用 3 支标准针,每次试验后将针留在试样中,直至 3 次平行试验完成后,才能将标准针取出。

(7)测定针入度指数 PI 时,按同样的方法在 15℃、25℃、30℃(或 5℃)3 个温度条件下分别测定沥青的针入度。

四、计 算

同一试样 3 次平行试验结果的最大值和最小值之差在下列允许偏差范围内时,计算 3 次试验结果的平均值,取至整数作为针入度试验结果,以 0.1 mm 为单位。

针入度(0.1 mm)　　允许差值(0.1 mm)
0～49　　　　　　　2
50～149　　　　　　4
150～249　　　　　 12
250～500　　　　　 20

当试验值不符合此要求时,应重新进行试验。

第二节　沥青软化点试验(环球法)

一、目的与适用范围

本方法适用于测定道路石油沥青、煤沥青的软化点,也适用于测定液体石油沥青经蒸馏或乳化沥青破乳蒸发后残留物的软化点。

二、仪具与材料

(1)软化点试验仪如图 6-2,它由下列部件组成。
①钢球:直径 9.53 mm,质量 3.5 g±0.05 g。
②试样环:黄铜或不锈钢等制成。
③钢球定位环:黄铜或不锈钢制成。
④金属支架:由 2 个主杆和 3 层平行的金属板组成。上层为一圆盘,直径略大于烧杯直径,中间有一圆孔,用以插放温度计。中层板上有两个孔,各放置金属环,中间有一小孔可支持温度

计的测温端部。一侧立杆距环上面 51 mm 处刻有水高标记。支持温度计的测温端部。一侧立杆距环上面 51 mm 处刻有水高标记。环下面距下层底板为 25.4 mm,而下底板距烧杯底不少于 12.7 mm,也不得大于 19 mm。3 层金属板和 2 个主杆由两螺母固定在一起。

⑤耐热玻璃烧杯：容量 800～1 000 mL，直径不小于 86 mm，高不小于 120 mm。

⑥温度计：0～80℃，分度为 0.5℃。

(2)环夹：由薄钢条制成，用以夹持金属环，以便刮平表面。

(3)装有温度调节器的电炉或其他加热炉具(液化石油气、天然气等)。应采用带有振荡搅拌器的加热电炉，振荡子置于烧杯底部。

(4)试样底板：金属板(表面粗糙度应达 Ra=0.8 μm)或玻璃板。

(5)恒滞水槽：控滞的准确度为 0.5℃。

(6)平直刮刀。

(7)甘油滑石粉隔离剂(甘油与滑石粉的比例为质量比 2∶1)。

(8)新煮沸过的蒸馏水。

(9)其他：石棉网。

图 6-2　软化点仪

三、方法与步骤

1. 准备工作

(1)将试样环置于涂有甘油滑石粉隔离剂的试样底板上。按规定方法将准备好的沥青试样徐徐注入试样环内至略高出环面为止。

如估计试样软化点高于 120℃，则试样环和试样底板(不用玻璃板)均应预热至 80～100℃。

(2)试样在室温冷却 30 min 后，用环夹夹着试样杯，并用热刮刀刮除环面上的试样，务使与环面齐平。

2. 试验步骤

(1)试样软化点在80℃以下者：

①将装有试样的试样环连同试样底板置于 5℃±0.5℃水的恒温水槽中至少 15 min，同时将金属支架、钢球、钢球定位环等亦置于相同水槽中。

②烧杯内注入新煮沸并冷却至5℃的蒸馏水，水面略低于立杆上的深度标记。

③从恒温水槽中取出盛有试样的试样环放置在支架中层板的圆孔中，套上定位环；然后将整个环架放入烧杯中，调整水面至深度标记，并保持水温为5~105℃环架上任何部分不得附有气泡。将0~80℃的温度计由上层板中心孔垂直插入，使端部测温头底部与试样环下面齐平。

④将盛有水和环架的烧杯移至放有石棉网的加热炉具上，然后将钢球放在定位环中间的试样中央，立即开动振荡搅拌器，使水微微振荡，并开始加热，使杯中水温在 3 min 内调节至维持每分钟上升 5℃±0.5℃。在加热过程中，应记录每分钟上升的温度值，如温度上升速度超出此范围时，则试验应重做。

⑤试样受热软化逐渐下坠，至与下层底板表面接触时，立即读取温度，准确至0.5℃。

(2)试样软化点在80℃以上者：

①将装有试样的试样环连同试样底板置于装有 32℃±1℃甘油的恒温槽中至 15 min；同时将金属支架、钢球、钢球定位环等亦置于甘油中。

②在烧杯内注入预先加热至32℃的甘油，其液面略低于立杆上的深度标记。

③从恒温槽中取出装有试样的试样环，按上述方法进行测定，准确至1℃。

四、计　算

同一试样平行试验两次，当两次测定值的差值符合重复性试验精密度要求时，取其平均值作为软化点试验结果，准确至0.5℃。

五、允许误差

(1)当试样软化点小于80℃时，重复性试验的允许误差为1℃，再现性试验的允许误差为4℃。

(2)当试样软化点大于或等于80℃时，重复性试验的允许误差为2℃，再现性试验的允许误差为8℃。

第三节　沥青延度试验

一、目的与适用范围

(1)本方法适用于测定道路石油沥青、液体沥青蒸馏残留物和乳化沥青蒸发残留物等材料的延度。

(2)沥青延度的试验温度与拉伸速率可根据要求采用,通常采用的试验温度为 25℃、15℃、10℃或 5℃,拉伸速度为 5 cm/min±0.25 cm/min。当低温采用 1 cm/min±0.05 cm/min 拉伸速度时,应在报告中注明。

二、仪具与材料

(1)延度仪(图 6-3):将试件浸没于水中,能保持规定的试验温度及按照规定拉伸速度拉伸试件且试验时无明显振动的延度仪均可使用。

(2)试模:黄铜制,由两个端模和两个侧模组成。试模内侧表面粗糙度 $Ra=0.2$ μm,当装配完好后可浇铸试样(尺寸见表 6-1)。

表 6-1 延度试样尺寸 单位:mm

总 长	74.5～75.5
中间缩颈部长度	29.7～30.3
端部开始缩颈处宽度	19.7～20.3
最小横断面宽	9.9～10.1
厚度(全部)	9.9～10.1

(3)试模底板:玻璃板或磨光的铜板、不锈钢板(表面粗糙度 $Ra=0.2$ μm)。

(4)恒温水槽:容量不少于 10 L,控制温度的准确度为 0.1℃,水槽中应设有带孔搁架,搁架距水槽底不得少于 50 mm。试件浸入水中深度不小于 100 mm。

(5)温度计:0～50℃,分度为 0.1℃。

(6)砂浴或其他加热炉具。

(7)甘油滑石粉隔离剂(甘油与滑石粉的质量比 2∶1)。

(8)其他:平刮刀、石棉网、酒精、食盐等。

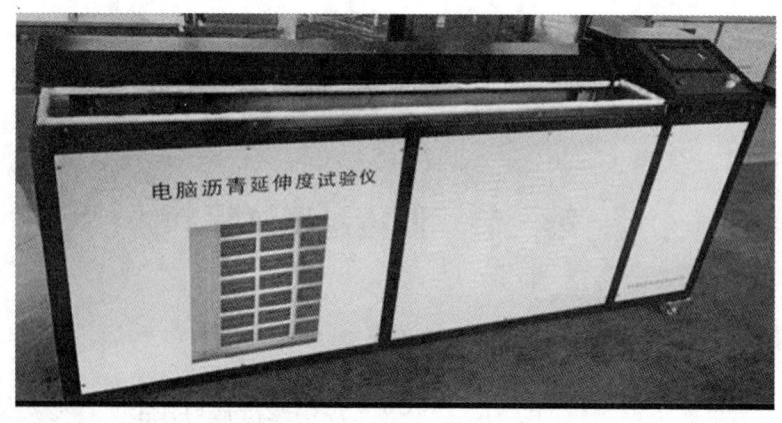

图 6-3 延度仪

三、方法与步骤

1. 准备工作

(1)将隔离剂拌和均匀,涂于清洁干燥的试模底板和两个侧模的内侧表面,并将试模在试模底板上装妥。

(2)按要求准备试样,然后将试样仔细自试模的一端至另一端往返数次缓缓注入模中,最后略高出试模,灌模时应注意勿使气泡混入。

(3)试件在室温中冷却 30～40 min,然后置于规定试验温度±0.1℃的恒温水槽中,保持 30 min 后取出,用热刮刀刮除高出试模的沥青,使沥青面与试模面齐平。沥青的刮法应自试模的中间刮向两端,且表面应刮得平滑。将试模连同底板再浸入规定试验温度的水槽中 1～1.5 h。

(4)检查延度仪延伸速度是否符合规定要求,然后移动滑板使其指针正对标尺的零点。将延度仪注水,并保温达试验温度±0.5℃。

2. 试验步骤

(1)将保温后的试件连同底板移入延度仪的水槽中,然后将盛有试样的试模自玻璃板或不锈钢板上取下,将试模两端的孔分别套在滑板及槽端固定板的金属柱上,并取下侧模。水面距试件表面应不小于 25 mm。

(2)开动延度仪,并注意观察试样的延伸情况。此时应注意,在试验过程中,水温应始终保持在试验温度规定范围内,且仪器不得有振动,水面不得有晃动。当水槽采用循环水时,应暂时中断循环,停止水流。在试验中,如发现沥青细丝浮于水面或沉入槽底时,则应在水中加入酒精或食盐,调整水的密度至与试样相近后,重新试验。

(3)试件拉断时,读取指针所指标尺上的读数,以厘米表示,在正常情况下,试件延伸时应成锥尖状,拉断时实际断面接近于零。如不能得到这种结果,则应在报告中注明。

四、计 算

同一试样,每次平行试验不少于 3 个,如 3 个测定结果均大于 100 cm,试验结果记作">100 cm";特殊需要也可分别记录实测值。如 3 个测定结果中,有 1 个以上的测定值小于 100 cm 时,若最大值或最小值与平均值之差满足重复性试验精密度要求,则取 3 个测定结果的平均值的整数作为延度试验结果,若平均值大于 100 cm,记作">100 cm";若最大值或最小值与平均值之差不符合重复性试验精密度要求时,试验应重新进行。

五、允许误差

当试验结果小于 100 cm 时,重复性试验的允许误差为平均值的 20%,再现性试验的允许误差为平均值的 30%。

六、注意事项

(1)试验制备时,对取来的沥青试样不得直接采用电炉或燃气炉加热。加热的温度不宜超过软化点以上100℃(石油沥青)。

(2)针入度试验前,注意标准针的更换与擦干擦净,并注意温度条件。

(3)软化点试验注意恒温水槽或甘油恒温槽的温度,试验时应控制烧杯内水或甘油温度上升速度不得超过规范要求。

(4)延度试验时,应注意水温,试样与水的密度相近。

(5)本试验步骤为实际操作简要步骤,详细步骤见《公路工程沥青及沥青混合料试验规程》(JTG E20—2011)。

第四节 沥青黏附性试验

一、目的与适用范围

检验沥青与粗集料表面的黏附性以评定粗集料的抗水剥离能力。对于最大粒径大于13.2 mm的集料应用水煮法,对最大粒径小于或等于13.2 mm的集料应用水浸法进行试验。对同一种料源集料最大粒径既有大于又有小于13.2 mm不同的集料时,取大于13.2 mm水煮法试验为标准,对细粒式沥青混合料应以水浸法试验为标准。

二、仪具与材料

(1)天平:称量500 g,感量不大于0.01 g。

(2)恒温水槽:能保持温度80℃±1℃。

(3)拌和用小型容器:500 mL。

(4)烧杯:1 000 mL。

(5)试验架。

(6)细线:尼龙线或棉线、铜丝线。

(7)铁丝网。

(8)标准筛:9.5 mm、13.2 mm、19 mm各1个。

(9)烘箱:装有自动温度调节器。

(10)电炉、燃气炉。

(11)玻璃板:200 mm×200 mm左右。

(12)搪瓷盘:300 mm×400 mm左右。

(13)其他:拌和铲、石棉网、纱布、手套等。

三、试验步骤

1. 水煮法试验

(1)将集料过 13.2 mm、19 mm 的筛,取粒径 13.2~19 mm 形状接近立方体的规则集料 5 个,用洁净水洗净,置温度为 105℃±5℃的烘箱中烘干,然后放在干燥器中备用。将大烧杯中盛水,并置加热炉的石棉网上煮沸。

(2)将集料逐个用细线在中部系牢,再置 105℃±5℃烘箱内 1 h。准备沥青试样。

(3)逐个取出加热的矿料颗粒用线提起,浸入预先加热的沥青(石油沥青 130~150℃)(煤沥青 100~110℃)试样中 45 s 后,轻轻拿出,使集料颗粒完全为沥青膜所裹覆。将裹覆沥青的集料颗粒悬挂于试验架上,下面垫一张纸,使多余的沥青流掉,并在室温下冷却 15 min。

(4)待集料颗粒冷却后,逐个用线提起,浸入盛有煮沸水的大烧杯中央,调整加热炉,使烧杯中的水保持微沸状态,但不允许有沸开的泡沫。

(5)浸煮 3 min 后,将集料从水中取出,观察矿料颗粒上沥青膜的剥落程度,并按表 6-2 评定其黏附性等级。

(6)同一试样应平行试验 5 个集料颗粒,并由两名以上经验丰富的试验人员分别评定后,取平均等级作为试验结果。

表 6-2 沥青与集料的黏附性等级

试验后石料表面上沥青膜剥落情况	黏附性等级
沥青膜完全保存,剥离面积百分率接近于 0	5
沥青膜少部为水所移动,厚度不均匀,剥离面积百分率小于 10%	4
沥青膜局部明显地为水所移动,基本保留在石料表面上,剥离面积百分率小于 30%	3
沥青膜大部为水所移动,局部保留在石料表面上,剥离面积百分率大于 30%	2
沥青膜完全为水所移动,石料基本裸露,沥青全浮于水面上	1

2. 水浸法试验

(1)将集料过 9.5 mm、13.2 mm 筛,取粒径 9.5~13.2 mm 形状规则的集料 200 g 用洁净水洗净,并置温度为 105℃±5℃的烘箱中烘干,然后放在干燥器中备用。

(2)准备沥青试样,并加热至要求决定的沥青与矿料的拌和温度。将煮沸过的热水注入恒温水槽中,并维持温度 80℃±1℃。

(3)按四分法称取集料颗粒(9.5~13.2 mm)100 g 置搪瓷盘中,连同搪瓷盘一起放入已升温至沥青拌和温度以上 5℃的烘箱中持续加热 1 h。按每 100 g 矿料加入沥青 5.5 g±0.2 g 的比例称取沥青,准确至 0.1 g,放入小型拌和容器中,一起置入同一烘箱中加热 15 min。

(4)将搪瓷盘中的集料倒入拌和容器的沥青中后,从烘箱中取出拌和容器,立即用金属铲均匀拌和 1~1.5 min,使集料完全被沥青薄膜裹覆。然后,立即将裹有沥青的集料取 20 个,用小铲移至玻璃板上摊开,并置室温下冷却 1 h。将放有集料的玻璃板浸入温度为 80℃±1℃的恒温水槽中,保持 30 min,并将剥离及浮于水面的沥青,用纸片捞出。

(5)从水中小心取出玻璃板,浸入水槽内的冷水中,仔细观察裹覆集料的沥青薄膜的剥落情况。由两名以上经验丰富的试验人员分别目测,评定剥离面积的百分率,评定后取平均值表示。

(6)由剥离面积百分率按表 6-2 评定沥青与集料黏附性的等级。

第五节　沥青混合料取样

一、目的与适用范围

用于拌和厂及道路施工现场采集热拌沥青混合料或常温沥青混合料试样,供施工过程质量检验或指导施工配合比的调整,以及室内测定沥青混合料的各项物理力学性质。所取试样应有充分的代表性。

二、仪具与材料

(1)铁锹。

(2)手铲。

(3)搪瓷盘或其他金属盛样容器、塑料编织袋。

(4)温度计:分度为 1℃。宜采用有金属插杆的插入式数显温度计,金属插杆的长度不小于 150 mm。量程 0～300℃。

(5)其他:标签、溶剂(汽油)、棉纱等。

三、方法与步骤

1. 确定取样数量

取样数量应符合下列要求:

(1)减样数量根据试验目的决定,宜不少于试验用量的 2 倍。取样数量参考表 6-3。

表 6-3　各试验及其取样量

序号	类别	试验项目	目的	最少试样量/kg	取样量/kg
1	根据试验目的决定	马歇尔试验、抽提筛分	施工质量检验	12	20
		车辙试验	高温稳定性检验	40	60
		浸水马歇尔试验	水稳定性检验	12	20
		冻融劈裂试验	水稳定性检验	12	20
		弯曲试验	低温性能检验	15	25
2	取样材料用于仲裁试验时				
备注:试样数量由试验目的决定,宜不少于试验用量的 2 倍					

平行试验应加倍取样。在现场取样直接装入试模或盛样盒成型时，也可等量取样。

（2）根据沥青混合料集料公称最大粒径，取样应不少于下列数量：

细粒式沥青混合料，不少于 4 kg；

中粒式沥青混合料，不少于 8 kg；

粗粒式沥青混合料，不少于 12 kg；

特粗式沥青混合料，不少于 16 kg。

（3）取样材料用于仲裁试验时，取样数量除应满足本取样方法规定外，还应多取一份备用样，保留到仲裁结束。

2. 取样方法

沥青混合料取样应是随机的，并具有充分的代表性。以检查拌和质量（如油石比、矿料级配）为目的时，应从拌和机一次放料的下方或提升斗中取样，不得多次取样混合后使用。以评定混合料质量为目的时，必须分几次取样，拌和均匀后作为代表性试样。对热拌沥青混合料每次取样时，都必须用温度计测量温度，准确至1℃。

（1）在沥青混合料拌和厂取样。

在拌和厂取样时，宜用专用的容器（一次可装 5~8 kg）装在拌和机卸料斗下方，每放一次料取一次样，顺次装入试样容器中，每次倒在清扫干净的平板上，连续几次取样，混合均匀，按四分法取样至足够数量。

（2）在沥青混合料运料车上取样。

在运料汽车上取沥青混合料样品时，宜在汽车装料一半后开出去，在汽车车厢内分别用铁锹从不同方向的 3 个不同高度处取样，然后混在一起用手铲适当拌和均匀，取出规定数量。在车到达施工现场后取样时，应在卸掉一半后将车开出去从不同方向的 3 个不同高度处取样。

宜从 3 辆不同的车上取样混合使用。

（3）在道路施工现场取样。

在道路施工现场取样时，应在摊铺后未碾压前于摊铺宽度的两侧 1/2~1/3 位置处取样。

用铁锹将摊铺层的全厚铲出，但不得将摊铺层下的其他层料铲入。每摊铺一车料取一次样，连续 3 车取样后，混合均匀按四分法取样至足够数量。对现场制件的细粒式沥青混合料，也可在摊铺机经螺旋拨料杆拌匀的一端，边前进边取样。

3. 常温条件下取样

（1）乳化沥青常温混合料试样的取样方法与热拌沥青混合料相同，但宜在乳化沥青破乳水分蒸发后装袋，对袋装常温沥青混合料亦可直接从储存的混合料中随机取样。取样袋数不少于 3 袋，使用时将混合料倒出作适当拌和，按四分法取出规定数量试样。

（2）液体沥青常温沥青混合料的取样方法同上，当用汽油稀释时，必须在溶剂挥发后方可封袋保存。当用煤油或柴油稀释时，可在取样后即装袋保存，保存时应特别注意防火。其余与热清混合料同。

（3）从碾压成型的路面上取样时，应随机选取 3 个以上不同地点，钻孔、切剂或抛取混合料度至全厚度，仔细清除杂物及不属于这一层的混合料，需重新制作试件时，应加热拌匀按四分法取样至足够数量。

4. 试样的保存与处理

（1）热拌热铺的沥青混合料试样需送至中心试验室或质量检测机构做质量评定且二次加热影响试验结果（如车辙试验）时，必须在取样后趁高温立即装入保温桶内送试验室立即成型试件，试件成型温度不得低于规定要求。

（2）热混合料需要存放时，可在温度下降至 60℃后装入塑料编织袋内，扎紧袋口，并宜低温保存，应防止潮湿、淋雨等，且时间不应太长。

（3）在进行沥青混合料质量检验或进行物理力学性质试验时，由于采集的热拌混合料试样温度下降或稀释沥青溶剂挥发结成硬块已不符合试验要求时，宜用微波炉或烘箱适当加热重塑，且只允许加热一次，不得重复加热。用微波炉加热沥青混合料时不得使用金属容器和带有金属的物件。沥青混合料的加热温度以达到符合压实温度要求为度，控制最短的加热时间，通常用烘箱加热时不宜超过 4 h，用工业微波炉加热 5~10 min。

5. 样品的标记

取样后当场试验时，可将必要的项目一并记录在试验记录报告上。此时，试验报告必须包括取样时间地点、混合料温度、取样数量、取样人等栏目。

第六节　沥青混合料试件制作方法（击实法）

一、目的与适用范围

采用标准击实法或大型击实法制作沥青混合料试件，用于进行室内马歇尔稳定度、水稳性和劈裂强度试验。

二、仪具与材料

（1）自动击实仪：击实仪应具有自动记录、控制仪表、按钮设置、复位及暂停等功能。按其用途可分为以下两种：

①标准击实仪：由击实锤、ϕ98.5 mm±0.5 mm 平圆形压实头及带手柄的导向棒组成。用机械将压实锤举起，从 457.2 mm±1.5 mm 高度沿导向棒自由落下击实，标准击实锤质量 4 536 g±9 g。

②大型击实仪：由击实锤、ϕ149.4 mm±0.1 mm 平圆形压实头及带手柄的导向棒组成。用机械将压实锤提升，至 457.2 mm±2.5 mm 高度沿导向棒自由落下击实，大型击实锤质量 10 210 g±10 g。

（2）试验室用沥青混合料拌和机：能保证拌和温度并充分拌和均匀，可控制拌和时间，容量不小于 10 L。搅拌叶自转速度 70~80 r/min。公转速度 40~50 r/min。

（3）试模：由高碳钢或工具钢制成，几何尺寸如下：

标准击实仪试模的内径 101.6 mm±0.2 mm，高 87 mm 的圆柱形金属筒、底座（直径约 120.6 mm）

和套筒(内径 101.6 mm、高 70 mm)各 1 个。大型圆柱体试件的套筒外径 165.1 mm,内径 155.6 mm±0.3 mm,总高 83 mm。试模内径 152.4 mm±0.2 mm,总高 115 mm,底座板厚 12.7 mm,直径 172 mm。

(4)脱模器:电动或手动,可无破损地推出圆柱体试件。备有标准圆柱体试件及大型圆柱体试件尺寸的推出环。

(5)烘箱:大、中型各 1 台,装有温度调节器。

(6)天平或电子秤:用于称量矿料的,感量不大于 0.5 g;用于称量沥青的,感量不大于 0.1 g。

(7)沥青运动黏度测定设备:毛细管黏度计、赛波特重油黏度计或布洛克菲尔德黏度计。

(8)插刀或大螺丝刀。

(9)温度计:分度为 1℃。宜采用有金属插杆的插入式数显温度计,金属插杆的长度不小于 150 mm。量程 0~300℃。

(10)其他:电炉或煤气炉、沥青熔化锅、拌和铲、标准筛、滤纸(或普通纸)、胶布、卡尺、秒表、粉笔、棉纱等。

三、方法与步骤

1. 基本要求

(1)沥青混合料试件制作条件及试件数量应符合如下规定:

当集料公称最大粒径小于或等于 26.5 mm 时,采用标准击实法,试模 ϕ 101.6 mm×63.5 mm 圆柱体试件的成型,一组试件的数量不少于 4 个。

集料公称最大粒径大于 26.5 mm 时,宜采用大型击实法,试模 ϕ 152.4 mm×95.3 mm 的大型圆柱体试件的成型,一组试件的数量不少于 6 个。

(2)确定制作沥青混合料试件的拌和与压实温度。

①根据测定沥青的黏度,绘制黏温曲线。当缺乏沥青黏度测定条件时,试件的拌和与压实温度可按表 6-4 选用,并根据沥青品种和标号做适当调整。针入度小、稠度大的沥青取高限,针入度大、稠度小的沥青取低限,一般取中值。

表 6-4 沥青混合料拌和及压实温度参考表

沥青结合料种类	拌和温度/℃	压实温度/℃
石油沥青	140~160	120~150
改性沥青	160~175	140~170

②对改性沥青,应根据改性剂的品种和用量,适当提高混合料的拌和和压实温度,对大部分聚合物改性沥青,需要在基质沥青的基础上提高 15~30℃,掺加纤维时,尚需再提高 10℃左右。

③常温沥青混合料的拌和及压实在常温下进行。

2. 沥青混合料试件的制作条件

(1)在拌和厂或施工现场采集沥青混合料试样。将试样置于烘箱中或加热的砂浴上保温,在混合料中插入温度计测量温度,待混合料温度符合要求后成型。需要适当拌和时可倒入已加热的小型沥青混合料拌和机中适当拌和，时间不超过 1 min。但不得用铁锅在电炉或明火上加热炒拌。

(2)在试验室人工配制沥青混合料时，材料准备按下列步骤进行：

①将各种规格的矿料置 105℃±5℃的烘箱中烘干至恒重（一般不少于 4～6 h）。

②将烘干分级的粗、细集料，按每个试件设计级配要求称其质量。在一金属盘中混合均匀，矿粉单独加热，置烘箱中预热至沥青拌和温度以上约 15℃（采用石油沥青时通常为 163℃；采用改性沥青时通常需 180℃）备用。一般接一组试件（每组 4～6 个）备料，但进行配合比设计时宜对每个试件分别备料。常温沥青混合料的矿料不应加热。

③将规范采集的沥青试样，用烘箱加热至规定的沥青混合料拌和温度，但不得超过 175℃。当不得已采用燃气炉或电炉直接加热进行脱水时，必须使用石棉垫隔开。

3. 拌制沥青混合料

(1)黏稠石油沥青混合料：

①用沾有少许黄油的棉纱擦净试模、套筒及击实座等，置 100℃左右烘箱中加热 1 h 备用。常温沥青混合料用试模不加热。

②将沥青混合料拌和机预热至拌和温度以上 10℃左右。

③将加热的粗细集料置于拌和机中，用小铲子适当混合；然后再加入需要数量的已加热至拌和温度的沥青（如沥青已称量在一专用容器内时，可在倒掉沥青后用一部分热矿粉将沾在容器壁上的沥青擦拭一起倒入拌和锅中），开动拌和机一边搅拌一边将拌和叶片插入混合料中拌和 1～1.5 min；暂停拌和，加入加热的矿粉，继续拌和至均匀为止，并使沥青混合料保持在要求的拌和温度范围内。标准的总拌和时间为 3 min。

(2)液体石油沥青混合料：将每组（或每个）试件的矿料置已加热至 55～100℃的沥青混合料拌和机中，注入要求数量的液体沥青，并将混合料边加热边拌和，使液体沥青中的溶剂挥发至 50%以下，拌和时间应事先试拌决定。

(3)乳化沥青混合料：将每个试件的粗细集料，置于沥青混合料拌和机（不加热，也可用人工炒拌）中，注入计算的用水量（阴离子乳化沥青不加水）后，拌和均匀并使矿料表面完全湿润；再注入设计的沥青乳液用量，在 1 min 内使混合料拌匀；然后加入矿粉后迅速拌和，使混合料拌成褐色为止。

4. 成型方法

(1)击实法的成型步骤如下：

①将拌好的沥青混合料，用小铲适当拌均匀，称取一个试件所需的用量（标准马歇尔试件约 1 200 g，大型马歇尔试件约 4 050 g）。当已知沥青混合料的密度时，可根据试件的标准尺寸计算并乘以 1.03 得到要求的混合料数量。当一次拌和几个试件时，宜将其倒入经预热的金属盘中，用小铲适当拌和均匀分成几份，分别取用。在试件制作过程中，为防止混合料温度下降，应连盘放在烘箱中保温。

②从烘箱中取出预热的试模及套筒，用沾有少许黄油的棉纱擦拭套筒、底座及击实锤底面。将试模装在底座上，垫一张圆形的吸油性小的纸，用小铲将混合料铲入试模中，用插刀或大螺丝刀沿周边插捣 15 次，中间 10 次。插捣后将沥青混合料表面整平。对大型马歇尔试件，混合料分

两次加入,每次插捣次数同上。

③插入温度计,至混合料中心附近,检查混合料温度。

④待混合料温度符合要求的压实温度后,将试模连同底座一起放在击实台上固定,在装好的混合料上面垫一张吸油性小的圆纸,再将装有击实锤及导向棒的压实头插入试模中,然后开启电动机或人工将击实锤从 457 mm 的高度自由落下击实规定的次数(75、50 或 35 次)。对大型马歇尔试件,击实次数为 75 次(相应于标准击实 50 次的情况)或 112 次(相应于标准击实 75 次的情况)。

⑤试件击实一面后,取下套筒,将试模翻面,装上套筒,然后以同样的方法和次数击实另一面。乳化沥青混合料试件在两面击实后,将一组试件在室温下横向放置 24 h;另一组试件置温度为 105℃±5℃的烘箱中养生 24 h。将养生试件取出后再立即两面锤击各 25 次。

⑥试件击实结束后,立即用镊子取掉上下面的纸,用卡尺量取试件离试模上口的高度并由此计算试件高度,如高度不符合要求时,试件应作废,并按式(6-1)调整试件的混合料质量,以保证高度符合 63.5 mm±1.3 mm(标准试件)或 95.3 mm±2.5 mm(大型试件)的要求。

$$调整后混合料质量 = \frac{要求试件高度 \times 原用混合料质量}{所得试件的高度} \tag{6-1}$$

(2)卸去套筒和底座,将装有试件的试模横向放置冷却至室温后(不少于 12 h),置脱模机上脱出试件。用于现场马歇尔指标检验的试件,在施工质量检验过程中如急需试验,允许采用电风扇吹冷 1 h 或浸水冷却 3 min 以上的方法脱模,但浸水脱模法不能用于测量密度、空隙率等各项物理指标。

(3)将试件仔细置于干燥洁净的平面上,供试验用。

第七节 压实沥青混合料密度试验方法(表干法)

一、目的与适用范围

表干法适用于测定吸水率不大于 2%的各种沥青混合料试件,包括Ⅰ型或较密实的Ⅱ型沥青混凝土、抗滑表层混合料、沥青玛蹄脂碎石混合料(SMA)试件的毛体积相对密度或毛体积密度。并用于计算沥青混合料试件的空隙率、饱和度和矿料间隙率等各项体积指标。

二、仪具与材料

(1)浸水天平或电子秤:当最大称量在 3 kg 以下时,感量不大于 0.1 g;最大称量 3 kg 以上时,感量不大于 0.5 g;最大称量 10 kg 以上时,感量 5 g,应有测量水中重的挂钩。

(2)网篮。

(3)溢流水箱:如图 6-4 所示,使用洁净水,有水位溢流装置,保持试件和网篮浸入水中后的水位一定。

(4)试件悬吊装置:天平下方悬吊网篮及试件的装置,吊线应采用不吸水的细尼龙线绳,并有足够的长度。对轮碾成型机成型的板块状试件可用铁丝悬挂。

(5)秒表。

(6)毛巾。

(7)电风扇或烘箱。

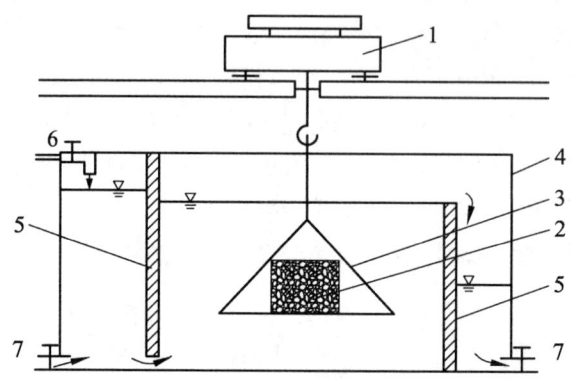

1—浸水天平或电子天平;2—试件;3—网篮;4—溢流水箱;
5—水位搁板;6—注入口;7—放水阀门。

图 6-4 溢流水箱及下挂法水中重称量方法示意图

三、方法与步骤

(1)选择适宜的浸水天平或电子秤,最大称量应不小于试件质量的 1.25 倍,且不大于试件质量的 5 倍。

(2)除去试件表面的浮粒,称取干燥试件的空中质量(m_a),根据选择的天平的感量读数,准确至 0.1 g、0.5 g 或 5 g。

(3)挂上网篮,浸入溢流水箱中,调节水位,将天平调平或复零,把试件置于网篮中(注意不要晃动水),浸水中 3~5 min,称取水中质量(m_w)。若天平读数持续变化,不能很快达到稳定,说明试件吸水较严重,不适用于此法测定,应改用蜡封法测定。

(4)从水中取出试件,用洁净柔软的拧干湿毛巾轻轻擦去试件的表面水(不得吸走空隙内的水),称取试件的表干质量(m_f)。

(5)对从路上钻取的非干燥试件可先称取水中质量(m_w),然后用电风扇将试件吹干至恒重(一般不少于 12 h,当不需进行其他试验时,也可用 60℃±5℃烘箱烘干至恒重),再称取空中质量(m_a)。

四、计 算

(1)计算试件的吸水率,取 1 位小数。试件的吸水率即试件吸水体积占沥青混合料毛体积的百分率,按式(6-2)计算。

$$S_a = \frac{m_f - m_a}{m_f - m_w} \times 100 \tag{6-2}$$

式中 S_a——试件的吸水率(%);

m_f——试件的表干质量(g);

m_a——干燥试件的空中质量(g);

m_w——试件的水中质量(g)。

(2)计算试件的毛体积相对密度和毛体积密度,取 3 位小数。

当试件的吸水率符合 $S_a<2\%$ 要求时,试件的毛体积相对密度和毛体积密度按式(6-3)及式(6-4)计算。

当吸水率 $S_a>2\%$ 要求时,应改用蜡封法测定。

$$\gamma_f = \frac{m_a}{m_f - m_w} \tag{6-3}$$

$$\rho_f = \frac{m_a}{m_f - m_w} \times \rho_w \tag{6-4}$$

式中 γ_f——试件毛体积相对密度(无量纲);

ρ_f——试件毛体积密度(g/cm³);

ρ_w——25℃时水的密度,取 0.997 1 g/cm³。

第八节 压实沥青混合料密度测定(水中重法)

一、目的与适用范围

用于测定几乎不吸水的密实的Ⅰ型沥青混合料试件的表观相对密度或表观密度。

二、仪具与材料

同表干法。

三、方法与步骤

(1)选择适宜的浸水天平或电子秤,最大称量应不小于试件质量的 1.25 倍,且不大于试件质量的 5 倍。

(2)除去试件表面的浮粒,称取干燥试件的空中质量(m_0),根据选择的天平的感量读数,准确至 0.1 g、0.5 g 或 5 g。

(3)挂上网篮,浸入溢流水箱的水中,调节水位,将天平调平或复零,把试件置于网篮中(注意不要使水晃动),待天平稳定后立即读数,称取水中质量(m_w)。若天平读数持续变化,不能在数秒钟内达到稳定,说明试件有吸水情况,不适用于此法测定,应改用蜡封法或体积法测定。

(4)对从路上钻取的非干燥试件,可先称取水中质量(m_w),然后用电风扇将试件吹干至恒重(一般不少于12 h,当不需进行其他试验时,也可用60℃±5℃烘箱烘干至恒重),再称取空中质量(m_0)。

四、计　算

按式(6-5)及式(6-6)计算用水中重法测定的沥青混合料试件的表观相对密度及表观密度,取3位小数。

$$\gamma_a = \frac{m_a}{m_a - m_w} \tag{6-5}$$

$$\rho_a = \frac{m_a}{m_a - m_w}\rho_w \tag{6-6}$$

式中　γ_a——25℃试件的表观相对密度(无量纲);
　　　ρ_a——25℃试件的表观密度(g/cm³);
　　　m_a——干燥试件的空中质量(g);
　　　m_w——试件的水中质量(g);
　　　ρ_w——25℃时水的密度,取0.997 1 g/cm³。

第九节　沥青混合料最大理论密度测定(真空法)

一、目的与适用范围

(1)本方法适用于真空法测定沥青混合料理论最大相对密度,供沥青混合料配合比设计、路况调查或路面施工质量管理计算空隙率、压实度等使用。

(2)本方法不适用于吸水率大于3%的多孔性集料的沥青混合料。

二、仪具与材料

(1)天平:称量10 kg以上,感量不大于0.5 kg;称量5 kg以上,感量不大于0.1 g;称量2 kg以下,感量不大于0.05 g。

(2)负压容器:根据试样数量选用表6-5中的A、B、C任何一种类型。负压容器口带橡皮塞,上接橡胶管,管口下方有滤网,防止细料部分吸入胶管。

表6-5　负压容器类型

类型	容　　器	附属设备
A	耐压玻璃、塑料或金属制的罐,容积大于1 000 mL	有密封盖,接真空胶管,与真空泵连接
B	容积大于1 000 mL的真空容器瓶	带胶皮塞,接真空胶管,与真空泵连接
C	4 000 mL,耐压真空干燥器	带胶皮塞,放气阀,接真空胶皮管与真空泵连接

(3)真空负压装置：由真空泵及水银压力计（或真空表）组成，真空泵能使负压容器内造成 4 kPa（30 mmHg）负压。

(4)恒温水槽：水温控制 25℃±0.5℃。

(5)温度计：分度为 0.5℃。

(6)其他：玻璃板等。

三、方法与步骤

1. 准备工作

(1)按规定的沥青混合料取样方法或从沥青路面上采取（或钻取）沥青混合料试样。试样数量不少于表 6-6 的规定数量。

表 6-6　沥青混合料试样数量

沥青混合料中集料公称最大粒径/mm	最少试样数量/g
37.50	3 500
31.50	3 000
26.50	2 500
19.00	2 000
13.20、16.00	1 500
9.50	1 000
4.75	500

(2)将沥青混合料团块仔细分散，粗集料不破碎，细集料团块分散到小于 6.4 mm。若混合料坚硬时可用烘箱适当加热后分散，一般加热温度不超过 60℃，分散试样应用手掰开，不得用锤打碎，防止集料破碎。当试样是从路上采取的非干燥混合料时，应用电风扇吹干至恒重后再操作。

(3)负压容器标定方法：

①将 B、C 类负压容器装满 25℃±0.5℃的水（上面用玻璃板盖住保持完全充满水），正确称取负压容器与水的总质量 m_b。

②采用 A 类容器时，将容器全部浸入 25℃±0.5℃的恒温水槽中，称取容器的水中质量（m_1）。

③将负压容器干燥，编号称取其质量。

2. 试验步骤

(1)将沥青混合料试样装入干燥的负压容器中，称容器及沥青混合料总质量，得到试样的净质量 m_a，试样质量应不小于上述规定的最小数量。

(2)在负压容器中注入约 25℃的水，将混合料全部浸没。

(3)将负压容器与真空泵、真空表连接，开动真空泵，使真空度达到 97.3 kPa（730 mmHg）持续 15 min±2 min。

(4)然后强烈振荡负压容器，使水充分搅动混合料，除去剩余的气泡。每隔 2 min 晃动若干次，直至不见气泡出现为止。

为使气泡容易除去，可在水中加有 0.01%浓度的表面活性剂(如每 100 mL 水中加 0.01 g 洗涤灵)。

(5)当负压容器采用 A 类容器时，浸入保温至 25℃±0.5℃的恒温水槽，约 10 min 后，称取负压容器与沥青混合料的水中质量(m_2)。

当负压容器采用 B、C 类容器时，将装有沥青混合料试样的容器浸入保温至 25℃±0.5℃的恒温水槽，约 10 min 后取出，加上盖，使容器中没有空气，擦净容器外的水分，称取容器、水和沥青混合料试样的总质量(m_c)。

四、计 算

(1)采用 A 类容器时，沥青混合料的理论最大相对密度按式(6-7)计算。

$$\gamma_t = \frac{m_a}{m_a - (m_2 - m_1)} \tag{6-7}$$

式中　γ_t——沥青混合料理论最大相对密度；
　　　m_a——干燥沥青混合料试样的空气中质量(g)；
　　　m_1——负压容器在 25℃水中的质量(g)；
　　　m_2——负压容器与沥青混合料一起在 25℃水中的质量(g)。

(2)采用 B、C 类容器作负压容器时，沥青混合料的最大相对密度按式(6-8)计算。

$$\gamma_t = \frac{m_a}{m_a + m_b - m_c} \tag{6-8}$$

式中　m_b——装满 25℃水的负压容器质量(g)；
　　　m_c——25℃时试样、水与负压容器的总质量(g)。

(3)沥青混合料 25℃时的理论最大密度按式(6-9)计算。

$$\rho_t = \gamma_t \times \rho_w \tag{6-9}$$

式中　ρ_t——沥青混合料的理论最大密度(g/cm³)；
　　　ρ_w——25℃时水的密度，取 0.997 1 g/cm³。

第十节　沥青混合料马歇尔稳定度试验方法

一、目的与适用范围

用于马歇尔稳定度试验和浸水马歇尔稳定度试验，以进行沥青混合料的配合比设计或沥青路面施工质量检验。浸水马歇尔稳定度试验(根据需要，也可进行真空饱水马歇尔试验)供检验沥青混合料受水损害时抵抗剥落的能力时使用，通过测试其水稳定性检验配合比设计的可行性。

二、仪具与材料

(1)沥青混合料马歇尔试验仪：分为自动式和手动式。自动马歇尔试验仪应具备控制装置记录荷载-位移曲线，自动测定荷载与试件垂直变形的传感器、位移计，能自动显示或打印试验结果等功能。手动式由人工操作，试验数据通过操作者目测后读取数据。

对用于高速公路和一级公路的沥青混合料宜采用自动马歇尔试验仪。

(2) 恒温水槽：控温准确度为 1℃，深度不小于 150 mm。

(3) 真空饱水容器：包括真空泵及真空干燥器。

(4) 烘箱。

(5) 天平：感量不大于 0.1 g。

(6) 温度计：分度为 1℃。

(7) 卡尺。

(8) 其他：棉纱、黄油。

三、方法与步骤

1. 准备工作

(1) 制备符合要求的马歇尔试件，一组试件的数量最少不得少于 4 个。

(2) 量测试件的直径及高度：用卡尺测量试件中部的直径，用马歇尔试件高度测定器或用卡尺在十字对称的 4 个方向量测离试件边缘 10 mm 处的高度，准确至 0.1 mm，并以其平均值作为试件的高度。如试件高度不符合 63.5 mm±1.3 mm 或 95.3 mm±2.5 mm 要求或两侧高度差大于 2 mm 时，此试件应作废。

(3) 将恒温水槽调节至要求的试验温度，对黏稠石油沥青或烘箱养生过的乳化沥青混合料为 60℃±1℃。

2. 试验步骤

(1) 将试件置于已达规定温度的恒温水槽中保温，保温时间对标准马歇尔试件需 30～40 min，对大型马歇尔试件需 45～60 min。试件之间应有间隔，底下应垫起，离容器底部不小于 5 cm。

(2) 当采用自动马歇尔试验仪时，将自动马歇尔试验仪的压力传感器、位移传感器与计算机或 X-Y 记录仪正确连接，调整好适宜的放大比例。压力和位移传感器调零。

(3) 启动加载设备，使试件承受荷载，加载速度为 (50±5) mm/min。计算机或 X-Y 记录仪自动记录传感器压力和试件变形曲线并将数据自动存入计算机。

(4) 当试验荷载达到最大值的瞬间，取下流值计，同时读取压力环中百分表读数及流值计的流值读数。从恒温水槽中取出试件至测出最大荷载值的时间，不得超过 30 s。

3. 浸水马歇尔试验方法

浸水马歇尔试验方法与标准马歇尔试验方法的不同之处在于，试件在已达规定温度恒温水槽中的保温时间为 48 h，其余均与标准马歇尔试验方法相同。

四、结果计算

1. 试件的稳定度及流值

(1)当采用自动马歇尔试验仪时,将计算机采集的数据绘制成压力和试件变形曲线,或由 X-Y 记录仪自动记录的荷载-变形曲线,按图 6-5 所示的方法在切线方向延长曲线与横坐标相交于 O_1,将 O_1 作为修正原点,从 O_1 起量取相应于荷载最大值时的变形作为流值(FL),以 mm 计,准确至 0.1 mm。最大荷载即为稳定度(MS),以 kN 计,准确至 0.01 kN。

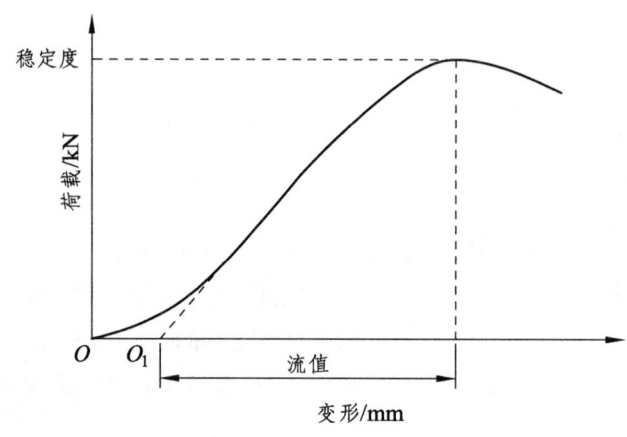

图 6-5 马歇尔试验结果的修正值

(2)采用压力环和流值计测定时,根据压力环标定曲线,将压力环中百分表的读数换算为荷载值,或者由荷载测定装置读取的最大值即为试样的稳定度(MS),以 kN 计,准确至 0.01 kN。由流值计及位移传感器测定装置读取的试件垂直变形,即为试件的流值(FL),以 mm 计,准确至 0.1 mm。

2. 试件的马歇尔模数

按式(6-10)计算。

$$T = \frac{MS}{FL} \tag{6-10}$$

式中　T——试件的马歇尔模数(kN/mm);
　　　MS——试件的稳定度(kN);
　　　FL——试件的流值(mm)。

3. 试件的浸水残留稳定度

按式(6-11)计算。

$$MS_0 = \frac{MS_1}{MS} \times 100 \tag{6-11}$$

式中　MS_0——试件的浸水残留稳定度(%);
　　　MS_1——试件浸水 48 h 后的稳定度(kN)。

当一组测定值中某个测定值与平均值之差大于标准差的 k 倍时，该测定值应予舍弃，并以其余测定值的平均值作为试验结果。当试件数目 n 为 3，4，5，6 个时，k 值分别为 1.15，1.46，1.67，1.82。

第十一节　沥青混合料车辙试验

一、目的与适用范围

适用于测定沥青混合料的高温抗车辙能力，供沥青混合料配合比设计的高温稳定性检验使用。基本要求是用一块碾压成型的板块试件(通常尺寸为 300 mm×300 mm×50 mm)在规定温度条件(通常为 60℃)下，以一个轮压为 0.7 MPa 的实心橡胶轮胎在其上行走，测量试件在变形稳定期时，每增加 1 mm 变形需要行走的次数，即称为"动稳定度"，以次/mm 表示。

二、仪器设备

(1)车辙试验机，主要由下列部分组成：

①试件台：可牢固地安装两种宽度(300 mm 和 150 mm)的规定尺寸试件的试模。

②试验轮：橡胶制的实心轮胎，外径 Φ200 mm，轮宽的 50 mm，橡胶层厚 15 mm。橡胶硬度(国际标准硬度)20℃时为 84±4；60℃时为 78±2。试验轮行走距离为(230±10)mm，往返碾压速度为(42±1)次/min(21 次往返/min)的。允许采用曲柄连杆驱动试验台运动(试验台不动)的任一种方式。

③加载位置：使试验轮与试件的接触压强在 60℃时为(0.7±0.05)MPa，施加的总荷载为 700 N 左右，根据需要可以调整。

④试模：钢板制成，由底板及侧板组成，试模内侧尺寸长为 300 mm，宽为 300 mm，厚为 50 mm。

⑤变形测量装置：自动检测车辙变形并记录曲线的装置，通常用 LVDT 或非接触位移计。位移测量范围 0～130 mm，精度±0.01 mm。

⑥温度检测装置：自动检测并记录试件表面及恒温室内温度的温度传感器，精度±0.5 ℃。温度应能自动连续记录。

(2)恒温室：车辙试验机安放在恒温室内，装有加热器、气流循环装置及自动温度控制设备，能保持恒温室温度(60±1)℃，试件内部温度(60±0.5)℃，根据需要亦可为其他试验温度。

(3)台秤：称量 15 kg，分度值不大于 5 g。

三、方法与步骤

(1)测定试验轮压强应符合(0.7±0.05)MPa，将试件装于原试模中。

(2)将放置时间完成的试件连同试模一起，置于达到试验温度(60±1)℃的恒温室中，保温不少于 5 h，也不得多于 12 h。在试件的试验轮不行走的部位上，粘贴一个热电偶温度计控制试件温度稳定在(60±0.5)℃。

(3)将试件连同试模置于车辙试验机的试件台上，试验轮在试件的中央部位，其行走方向须与试件碾压方向一致。开动车辙变形自动记录仪，然后启动试验机，使试验轮往返行走，时间约 1 h，或最大变形达到 25 mm 为止。试验时，记录仪自动记录变形曲线(图 6-6)及试件温度。

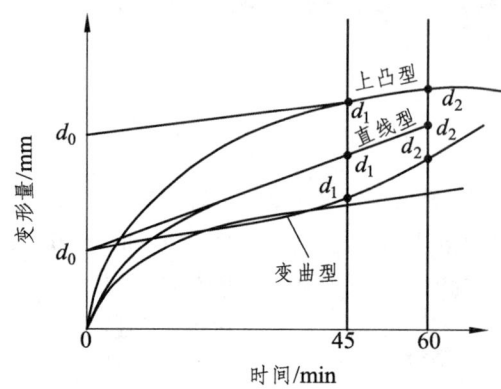

图 6-6　车辙试验自动记录的变形曲线

四、计　算

(1)从曲线上读取 45 min(t_1)及 60 min(t_2)时的车辙变形 d_1 及 d_2，精确至 0.01 mm。如变形过大，在未到 60 min 变形已达 25 mm 时，则以达到 25 mm(d_2)时的时间为 t_2，将其前 15 min 为 t_1，此时的变形量为 d_1。

(2)计算沥青混合料试件的动稳定度。

$$DS = \frac{(t_2 - t_1) \times N}{d_2 - d_1} \times C_1 \times C_2 \tag{6-12}$$

式中　DS——沥青混合料的动稳定度(次/mm)；

　　　d_1——对应于时间 t_1 的变形量(mm)；

　　　d_2——对应于时间 t_2 的变形量(mm)；

　　　C_1——试验机类型修正系数，曲柄连杆驱动试件的变速行走方式为 1.0，链驱动试验轮的等速方式为 1.5；

　　　C_2——试件系数，试验室制备的宽 300 mm 的试件为 1.0，从路面切割的宽 150 mm 的试件为 0.8；

　　　N——试验轮往返碾压速度，通常为 42 次/min。

(3)同一沥青混合料或同一路段的路面，至少平行试验 3 个试件。当 3 个试件动稳定度变异系数小于 20%时，取其平均值作为试验结果。变异系数大于 20%时应分析原因，并追加试验。如计算动稳定度值大于 6 000 次/mm 时，记作：>6 000 次/mm。

思 政 小 记

从"扁鹊论医"的故事中,悟质量

魏文王问名医扁鹊说:"你们家兄弟三人,都精于医术,到底哪一位医术最好呢?"扁鹊答说:"长兄最好,中兄次之,我最差。"文王吃惊地问:"你的名气最大,为何长兄医术最高呢?"扁鹊惭愧地说:"我扁鹊治病,是治病于病情严重之时。一般人都看到我在经脉上穿针管来放血、在皮肤上敷药等大手术,所以以为我的医术高明,名气因此响遍全国。我中兄治病,是治病于病情初起之时。一般人以为他只能治轻微的小病,所以他的名气只及于本乡里。而我长兄治病,是治病于病情发作之前。由于一般人不知道他事先能铲除病因,所以觉得他水平一般,但在医学专家看来他水平最高。"

启示:以上的"病"可以理解为"质量事故"。能将质量事故在"病"情发作之前就进行消除,才是"善之善者也"。

预防质量事故,要从"小病"做起。也就是要防患于未然。对工程建设来讲,事后控制不如事中控制,事中控制不如事前控制。对于成功处理已发质量事故的人要进行奖励,同时,更要对预防质量事故的人和行为进行奖励。质量管理如同医生看病,治标不能忘固本。许多企业悬挂着"质量是企业的生命"的标语,而现实中存在"头疼医头、脚疼医脚"的质量管理误区。

那么,针对沥青路面工程质量,如何提高事前控制和事中控制的执行力呢?

第七章 路基路面现场测试方法

路基路面工程现场试验检测是工程质量管理的重要技术手段，利用快速、科学、先进的现场检测技术，获取客观、准确的试验检测数据，是控制和评定路基路面施工质量的科学依据。其主要的测试指标有压实度、弯沉、平整度、抗滑性和渗水系数等。本章学习路基路面工程现场试验检测方法。

压实度：对于路基土及路面基层，压实度是指工地实际达到的干密度与室内标准击实试验所得的最大干密度的比值。对沥青路面，压实度是指现场实际达到的密度与标准密度的比值。它是路基路面施工质量检测的关键指标之一，表征现场压实后的密实状况，压实度越高，密实度越大，材料整体性能越好。压实度的测试方法有挖坑灌砂法、环刀法、核子密湿度仪法、无核密度仪法、钻芯法和沉降差测试方法。

弯沉指在规定的标准轴载作用下，路基和路面表面轮隙位置产生的总垂直变形(总弯沉)或垂直回弹变形(回弹弯沉)，以 0.01 mm 为单位。弯沉值越大，说明承载能力越低。它是反映路面整体强度的一个综合指标。测试方法主要有贝克曼梁法、自动弯沉仪法和落锤式弯沉仪法三种。

平整度是指道路表面相对于理想表面的竖向偏差，是反映路面施工质量与服务水平的重要指标之一。常见的平整度设备有 3 m 直尺、连续平整度仪法、颠簸累积仪、激光平衡度仪四种。

路面抗滑性是指车辆轮胎沿路面表面滑动时，所承受的摩擦阻力的大小。对行驶在路面的车辆而言，是指在一定条件下(速度、路面湿度等)车辆的紧急制动距离。一般用轮胎与路面间的摩擦系数和宏观构造深度来表征，是反映路面安全性能最重要的一个指标。摩擦系数测试方法有摆式仪法、单(双)轮式横向力系数测试法和动态旋转式摩擦系数测定仪法。构造深度测试法有手工(电动)铺砂法和激光构造深度仪法。

渗水系数是指在规定的初始水头压力下，单位时间内渗入路面规定面积的水的体积，以 mL/min 计。

依据路基路面工程现场试验检测方法及频率如表 7-1。

表 7-1 路基路面工程现场试验检测方法及频率

试验项目		检测方法和频率	检测依据
压实度	土方路基	灌砂法：每200 m，每压实层2次	1.《公路土工试验规程》(JTG 3430—2020)； 2.《公路路面基层施工技术规范》(JTJ034—2000)； 3.《公路路面基层施工技术细则》(JGJ/T F20—2015)；
	稳定土(稳定粒料、级配碎石、填隙碎石)底基层和基层		
	沥青混凝土路面层和沥青碎石面层	灌砂法：每200 m，每压实层1点	

续表

试验项目		检测方法和频率	检测依据
平整度	土路基	3 m 直尺：每 200 m 测 2 处×5 尺	4.《公路工程无机结合料稳定材料试验规程》(JTG E51—2009)； 5.《公路工程质量检验评定标准》(JTG F801—2017)
	水泥混凝土	平整度仪：全线每车道连续检测，每 100 m 计算 σ，IRI。 3 m 直尺：每半幅车道每 200 m 测 2 处×5 尺	
	沥青混凝土、沥青碎(砾)石、沥青贯入式、沥青表面处置面层	平整度仪：全线每车道连续检测，每 100 m 计算 σ，IRI。 3 m 直尺：每 200 m 测 2 处×5 尺	
弯沉值	水泥混凝土路面、沥青混凝土路面	每车道 20 延米 2 个测点	
摩擦系数	沥青混凝土路面	摆式仪：每 200 m 测 1 处	
抗滑构造深度	水泥混凝土路面、沥青混凝土面层	铺砂法：每 200 m 测 1 处	
渗水系数	沥青混凝土面层	渗水试验仪：每 200 m 测 1 处	

注：本表只针对常规的试验项目和试验方法进行统计。

第一节　路基路面现场测试选点方法

路基路面工程体庞大，现场测试项目只能采取抽样方法确定测试的位置，正确规范地选择测试位置是保证公路路基路面现场测试结果可靠性和代表性的前提。

一、路基路面现场测试选点方法的种类

路基路面现场测试选点方法包括均匀法、随机法、定向法、连续法和综合法。

1. 均匀法

沿道路纵向或横向等间距布置测点。均匀法选点如图 7-1 所示。

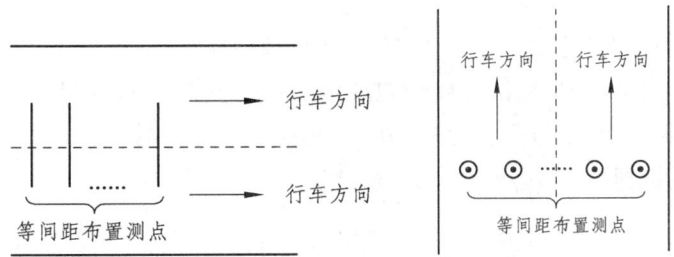

图 7-1　均匀法选点示意图

2. 随机法

用随机数表征测点位置信息，常用的位置信息包括里程桩号、离道路中线的距离等，从而确定测点位置。

3. 定向法

以具有某个特征或指定的位置作为测点。如轮迹带，出现裂缝、错台、板角等位置。定向法选点如图7-2所示。

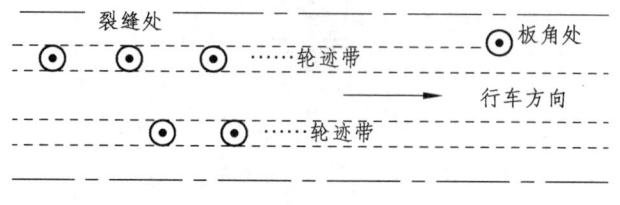

图7-2　定向法选点示意图

4. 连续法

一般指沿道路纵向按相应标准规定的间距连小间距连续采集、均匀布置测区。连续法选点如图7-3所示。

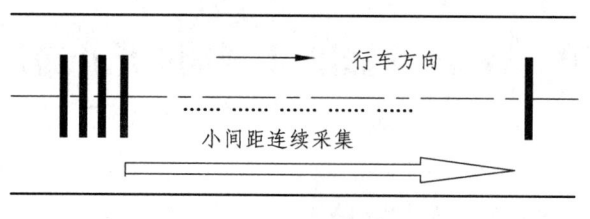

图7-3　连续法选点示意图

5. 综合法

同时使用上述两种以上的选点方法，确定测点位置。通常有沿道路纵向连续选择测区，测区内随机选择测点，或者沿道路纵向均匀确定测区，测区内定向选取测点等。

二、路基路面现场随机取样选点的方法

路基路面现场随机取样选点的方法是按数理统计原理在路基路面现场测试时确定测点位置的方法。详见《公路路基路面现场测试规程》(JTG 3450—2019)附录A提供了一般取样的随机数表，包括栏号1~栏号28，每个栏号下分为A、B、C三列，A列为01~30的随机数，B列和C列为小于1的3位小数的随机数。

1. 仪具与材料

(1)量尺：钢尺、皮尺或测距仪等。

(2)硬纸片：编号从1～28共28块，每块大小2.5 cm×2.5 cm，装在一个布袋中。或能够产生随机数的计算机软件(如WPS表格、EXCEL等)。

(3)其他：毛刷、粉笔等。

2. 准备工作

根据路基路面施工或验收、质量评定方法等有关规范要求，确定需要测试的路段。它可以是一个作业段、一天完成的路段或路线全程。如在路基路面工程质量验收时，通常以1 km为一个测试路段。

3. 选取测试区间或断面(纵向位置)的步骤

(1)按照有关标准规范规定的测试区间(断面)数量要求，将确定的测试路段划分为若干个区间或断面，将其编号为第1～n个区间或第1～n个断面，其总的区间数或断面数为T。公路路基路面测试一般采用等长度(间距)划分区间(断面)。当区间(断面)数量$T>30$时，分次选取，若采用计算机软件进行随机选取，则不受选取数量限制。

(2)随机抽取一块硬纸片，硬纸片上的编号即对应一般取样的随机数表上的栏号。根据抽取硬纸片对应的栏号，找出该栏号下A列1～n对应的B列中的值，也可通过计算机软件产生对应A值的B值，即得到n组A、B值。

(3)将n个B值与总区间数或断面数T相乘，四舍五入成整数，即得到n个断面的编号，即可根据该编号确定实际断面位置。

实例1：按照有关规范规定，拟从K36+000～K37+000的1 km检测路段中选择20个断面测定路面宽度、高程、横坡等外形尺寸，可采取以下方法确定断面：

(1)按照20 m等间距对拟测试路段内的断面进行编号，则1 km总长的断面数T=1 000/20=50个，其编号为1，2，…，50。

(2)从布袋中摸出一块硬纸片，其编号为14，即使用表的第14栏。

(3)从第14栏A列中挑出小于或等于20所对应的B列数值，将B与T相乘，四舍五入得到20个断面号，断面号乘以选择断面，并得到20个断面的桩号。

上述计算结果如表7-2所示。

表7-2 随机选取测试断面(纵向位置)示例计算表

断面编号	14栏A列	B列	$B×T$	断面号	桩号
1	17	0.089	4.45	4	K36+080
2	10	0.149	7.45	7	K36+140
3	13	0.244	12.20	12	K36+240
4	08	0.264	13.20	13	K36+260
5	18	0.285	14.25	14	K36+280
6	02	0.340	17.05	17	K36+340

续表

断面编号	14栏A列	B列	B×T	断面号	桩号
7	06	0.359	17.95	18	K36+360
8	14	0.392	19.60	20	K36+400
9	03	0.408	20.40	20	K36+420
10	16	0.527	26.35	26	K36+520
11	20	0.531	26.55	27	K36+540
12	05	0.787	39.35	39	K36+780
13	15	0.801	40.05	40	K36+800
14	12	0.836	41.80	42	K36+840
15	04	0.854	42.70	43	K36+860
16	11	0.884	44.20	44	K36+880
17	19	0.886	44.30	44	K36+900
18	07	0.929	46.45	46	K36+920
19	09	0.932	46.60	47	K36+940
20	01	0.970	48.50	49	K36+980

4. 选取测点(纵向及横向位置)的步骤

(1)按照有关标准规范要求确定测点数量 n。当 $n>30$ 时应分次选取，若采用计算机软件进行随机选取，则不受选取数量限制。

(2)随机抽取一块硬纸片，纸片上的编号即对应一般取样的随机数表中的栏号。根据所抽取硬纸片的栏号，依次找出该栏号下 A 列 $1\sim n$ 值对应的 B、C 列中的值，也可通过计算机软件产生对应 A 值的 B 值和 C 值。即得 n 组 A、B、C 值。

(3)以 A 列中对应的 B 列中数值乘以测试路段的总长度，再加上测试路段起点的桩号，即得出取样纵向位置，即断面桩号。

(4)以 A 列中对应的 C 列中的数值，乘以检查路面的宽度，再减去宽度的一半，即得出取样位置离路面中心线的距离。若差值为正(+)，表示在中心线的右侧；若差值为负(-)，则表示在中心线的左侧。

实例2：按照有关规范规定，检查验收时拟在 K36+000～K37+000 的 1 km 测试路段中选择 6 个测点进行钻孔取样检验压实度、沥青用量和矿料级配等，可按照如下方法确定钻孔位置：

(1)随机抽取一张硬纸片，其编号为3。

(2)一般取样的随机数表中的栏号3的 A 列中从上至下小于或等于6个测点的数为：01、06、03、02、04 及 05。

(3)栏号3的 B 列中与这6个数相应的6个小数为 0.175、0.310、0.494、0.699、0.838 及 0.977。

(4)取样路段长度 1 000 m，计算得出6个乘积(取样位置与该段起点的距离)分别为 175 m、310 m、494 m、699 m、838 m、977 m。

(5)栏号3的 C 列中与这6个数相应的6个小数为 0.641、0.063、0.929、0.073、0.166 及 0.494。

(6)路面宽度为 10 m,计算得 6 个乘积分别是 6.41、0.63、9.29、0.73、1.66 及 4.94 m。再减去路面宽度的一半,6 个取样的横向位置分别是右侧 1.41 m、左侧 4.37 m、右侧 4.29 m、左侧 4.27 m、左侧 3.34 m 及左侧 0.06 m。

上述计算结果如表 7-3 所示。

表 7-3 随机选取测点(纵向和横向位置)示例计算表

测点编号	栏号 3		取样路段长 1 000 m			路面宽度 10 m	测点数 6 个
	A 列	B 列	距起点距离/m	桩号	C 列	距路边缘距离/m	距中线距离/m
NO.1	01	0.175	175	K36+175	0.641	6.41	右 1.41
NO.2	06	0.310	310	K36+310	0.063	0.63	左 4.37
NO.3	03	0.494	494	K36+494	0.929	9.29	右 4.29
NO.4	02	0.699	699	K36+699	0.073	0.73	左 4.27
NO.5	04	0.838	838	K36+838	0.166	1.66	左 3.34
NO.6	05	0.977	977	K36+977	0.494	4.94	左 0.06

第二节 挖坑灌砂法测定压实度

一、目的与适用范围

灌砂法是利用均匀颗粒的砂去置换试洞的体积,它是当前最通用的方法,很多工程都把灌砂法列为现场测定密度的主要方法。

灌砂法适用于在现场测定基层(或底基层)、砂石路面及路基土的各种材料压实层的密度和压实度,也适用于沥青表面处治、沥青贯入式面层的密度和压实度检测,但不适用于填石路堤等有大孔洞或大孔隙材料的压实度检测。

二、仪具与材料

(1)灌砂筒:金属材质,形式和主要尺寸见图 7-4,类型见表 7-4,根据需要采用。储砂筒筒底中心有一个圆孔,下部装一倒置的圆锥形漏斗,漏斗上端开口,直径与储砂筒的圆孔相同。漏斗焊接在一块铁板上,铁板中心有一圆孔与漏斗上开口相接。储砂筒筒底与漏斗之间没有开关。开关为一薄铁板,一端与筒底及漏斗铁板交接在一起,另一端伸出筒身外,开关铁板上也有一个相同直径的圆孔。

(2)标定罐:金属材质,上端周围有一罐缘。

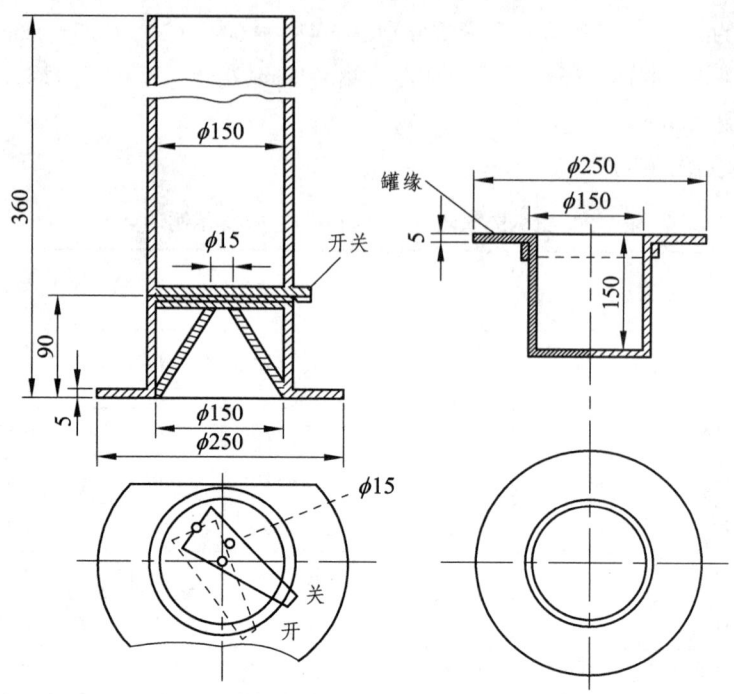

图 7-4 灌砂筒和标定罐(单位：mm)

表 7-4 灌砂筒类型

灌砂筒类型	储砂筒容积/cm³	填料最大粒径/mm	适宜的测试层厚度/mm
Φ100	2 121	<13.2	≤150
Φ150	4 771	<31.5	≤200
Φ200	8 482	<63	≤300
Φ250 及以上	—	≤100	≤400

注：如填料的最大粒径超过 100 mm 时，应采用其他方法测试压实度；当挖坑过程中存在超过规范规定的粒径 10%的填料时应另在附近选点重做。试验过程中若发现储砂筒内砂不足填满试坑时，说明灌砂筒尺寸过小，应选择较大尺寸的灌砂筒重新试验，而不应在试验过程中添加量砂。

(3)基板：用薄铁板制作的金属方盘，盘的中心有一圆孔。

(4)玻璃板：边长一般为 5～600 mm 的方形板。

(5)试样盘：小筒挖出的试样可用铝盒存放，大筒挖出的试样可用 300 mm×500 mm×40 mm 的搪瓷盘存放。

(6)天平或台称：称量 10～15 kg，感量不大于 1 g。用于含水量测定的天平精度，对细粒土、中粒土、粗粒土宜分别为 0.01 g、0.1 g、1.0 g。

(7)含水量测定器具：如铝盒、烘箱等。

(8)量砂：粒径 0.30～0.60 mm 及 0.25～0.50 mm 清洁干燥的均匀砂，约 2 040 kg，使用前须洗净、烘干，并放置足够长的时间，使其与空气的湿度达到平衡。

(9)盛砂的容器:塑料桶等。

(10)其他:凿子、改锥、铁锤、长把勺、小簸箕、毛刷等。

三、方法与步骤

1. 标定筒下部圆锥体内砂的质量

(1)在灌砂筒筒口高度上,向灌砂筒内装砂至距筒顶 15 mm±5mm 左右为止。称取装入筒内砂的质量 m_1,准确至 1 g。以后每次标定及试验都应该维持装砂高度与质量不变。

(2)将开关打开,让砂自由流出,并使流出砂的体积与工地所挖试坑内的体积相当(可等于标定罐的容积),然后关上开关,称灌砂筒内剩余砂质量 m_5,准确至 1 g。

(3)不晃动储砂筒的砂,轻轻地将灌砂筒移至玻璃板上,将开关打开,让砂流出,直到筒内砂不再下流时,将开关关上,并细心地取走灌砂筒。

(4)收集并称量留在板上的砂或称量筒内的砂,准确至 1 g。玻璃板上的砂就是填满锥体的砂 m_2。

(5)重复上述测量 3 次,取其平均值。

2. 标定量砂的单位质量 γ

(1)用水确定标定罐的容积 V,准确至 1 mL。

(2)在储砂筒中装入砂并称重,并将灌砂筒放在标定罐上,将开关打开,让砂流出,在整个流砂过程中,不要碰动灌砂筒,直到砂不再下流时,将开关关闭,取下灌砂筒,称取筒内剩余砂的质量准确至 1 g。

(3)按式(7-1)计算填满标定罐所需砂的质量 m_a:

$$m_a = m_1 - m_2 - m_3 \tag{7-1}$$

式中 m_a——标定罐中砂的质量(g);

m_1——装入灌砂筒内的砂的总质量(g);

m_2——灌砂筒下部圆锥体内部砂的质量(g);

m_3——灌砂入标定罐后筒内剩余砂的质量(g)。

(4)重复上述测量 3 次,取其平均值。

(5)按式(7-2)计算量砂的密度 ρ_s:

$$\rho_s = \frac{m_a}{V} \tag{7-2}$$

式中 ρ_s——砂的密度(g/cm³);

V——标定罐的体积(cm³)。

3. 试验步骤

(1)在试验地点,选一块平坦表面,并将其清扫干净,其面积不得小于基板面积。

(2)将基板放在平坦表面上。当表面的粗糙度较大时,则将盛有量砂的灌砂筒放在基板中间的圆孔上,将灌砂筒的开关打开,让砂流入基板的中孔内,直到储砂筒内的砂不再下流时关闭开关。取下灌砂筒,并称量筒内砂的质量 m_6,准确至 1 g。当需要检测厚度时,应先测量厚度后再进行这一步骤。

(3)取走基板,并将留在试验地点的量砂收回,重新将表面清扫干净。

(4)将基板放回清扫干净的表面上(尽量放在原处),沿基板中孔凿洞(洞的直径与灌砂筒一致)。在凿洞过程中,应注意勿使凿出的材料丢失,并随时将凿出的材料取出装入塑料袋中,不使水分蒸发,也可放在大试样盒内。试洞的深度应等于测定层厚度,但不得有下层材料混入,最后将洞内的全部凿松材料取出。对土基或基层,为防止试样盘内材料的水分蒸发,可分几次称取材料的质量。全部取出材料的总质量为 m_w,准确至 1 g。

(5)从挖出的全部材料中取出有代表性的样品,放在铝盒或洁净的搪瓷盘中,测定其含水量(w,以%计)。样品的数量如下:用小灌砂筒测定时,对于细粒土,不少于 100 g;对于各种中粒土,不少于 500 g。用大灌砂筒测定时,对于细粒土,不少于 200 g;对于各种中粒土,不少于 1 000 g;对于粗粒土或水泥、石灰、粉煤灰等无机结合料稳定材料,宜将取出的全部材料烘干,且不少于 2 000 g,称其质量 m_d,用大型灌砂筒测试时,宜将取出的材料全部烘干,称其质量 m_d。

(6)将基板安放在试坑上,将灌砂筒安放在基板中间(储砂筒内放满砂质量 m_1),使灌砂筒的下口对准基板的中孔及试洞,打开灌砂筒的开关,让砂流入试坑内。在此期间,应注意勿碰动灌砂筒,直到储砂筒内的砂不再下流时,关闭开关。小心取走灌砂筒,并称量筒内剩余砂的质量 m_4,准确到 1 g。

(7)如清扫干净的平坦表面的粗糙度不大,也可省去上述(2)和(3)的操作。在试洞挖好后,将灌砂筒直接对准放在试坑上,中间不需要放基板。打开筒的开关,让砂流入试坑内。在此期间,应注意勿碰动灌砂筒。直到储砂筒内的砂不再下流时,关闭开关,小心取走灌砂筒,并称量剩余砂的质量 m'_4,准确至 1 g。

(8)取出试筒内的量砂,以备下次试验时再用。

(9)取走基板,将留在试坑内未混入杂质的量砂收回;将坑内剩余量砂清理干净后,回填与被测结构同材质的填料,并用铁锤分 3~4 层夯实。

(10)回收的量砂烘干、过筛,并放置 24 h 以上,使其与空气的湿度达到平衡后可以继续使用。若量砂中混有杂质,则应废弃。

四、计 算

(1)按式(7-3)和式(7-4)计算填满试坑所用的砂的质量 m_b。

①灌砂时,试坑上放有基板时:

$$m_b = m_1 - m_4 - (m_5 - m_6) \tag{7-3}$$

②灌砂时,试坑上不放基板时:

$$m_b = m_1 - m'_4 - m_2 \tag{7-4}$$

式中 m_b——填满试坑的砂的质量(g);

m_1——灌砂前灌砂筒内砂的质量(g);

m_2——灌砂筒下部圆锥内砂的质量(g);

m_4,m'_4——灌砂后,灌砂筒内剩余砂的质量(g);

m_5-m_6——灌砂筒下部圆锥体内及基板和粗糙表面间砂的合计质量(g)。

(2)按式(7-5)计算试坑材料的湿密度：

$$\rho = \frac{m_t}{m_b} \times \rho_s \tag{7-5}$$

式中　ρ——土的湿密度，计算至 0.01 g/cm³；
　　　m_t——试洞中取出的全部土样质量(g)；
　　　m_b——填满试洞所需砂的质量(g)；
　　　ρ_s——量砂的密度(g/cm³)。

(3)按式(7-6)计算土的干密度 ρ_d：

$$\rho_d = \frac{\rho}{1 + 0.01w} \tag{7-6}$$

式中　ρ_d——土的密度，计算至 0.01(g/cm³)；
　　　ρ——土的湿密度(g/cm³)；
　　　w——土的含水率(%)。

(4)按式(7-7)计算施工压实度 K。

$$K = \frac{\rho_d}{\rho_c} \times 100 \tag{7-7}$$

式中　ρ_d——试样的干密度(g/cm³)；
　　　ρ_c——由击实等试验得到的最大干密度(g/cm³)。

五、注意事项

灌砂法是施工过程中最常用的试验方法之一。此方法表面上看起来较为简单，但实际操作时常常不好掌握，并会引起较大误差，又因为它是测定压实度的依据，故经常是质量检测监督部门与施工单位之间发生矛盾或纠纷的环节，因此应严格遵循试验的每个细节，以提高试验精度。为使试验做得准确，应注意以下几个环节：

(1)量砂要规则。量砂如果重复使用，一定要注意晾干，处理一致，否则影响量砂的松方密度。

(2)每换一次量砂，都必须测定松方密度，漏斗中砂的数量也应该每次重做。因此量砂宜事先准备较多数量。切勿到试验时临时找砂，又不做试验，仅使用以前的数据。

(3)地表面处理要平整，只要表面凸出一点(即使 1 mm)，使整个表面高出一薄层，其体积也算到试坑中去了，会影响试验结果。因此本方法一般宜采用放上基板先测定一次粗糙表面消耗的量砂，即测定 m_5-m_6 的值，只有在非常光滑的情况下方可省去此操作步骤。

(4)在挖坑时试坑周壁应笔直，避免出现上大下小或上小下大的情形，这样就会使检测密度偏大或偏小。

(5)灌砂时检测厚度应为整个碾压层厚，不能只取上部或者取到下一个碾压层中。

第三节　环刀测试压实度试验

一、目的与适用范围

适用于现场测试细粒土及龄期不超过 2 天的无机结合料稳定细粒土结构的密度，并计算施工压实度，以评价结构层的压实质量。

二、仪器设备

环刀、天平（感量 0.1 g）、切土刀、推土器、白瓷盘、游标卡尺、凡士林等。

三、试验步骤

(1) 用卡尺测出环刀的高和内径，并计算出环刀的体积 $V(\text{cm}^3)$。
(2) 称环刀的质量 m_1，准确至 0.1 g。
(3) 在环刀内壁涂一层薄薄的凡士林油，并将其刃口向下放在试样上。
(4) 用切土刀沿环刀外缘将土样削成略大于环刀直径的土柱，然后慢慢将环刀垂直下压，边压边削，到土样伸出环刀上部为止，削去环刀两端余土，使与环刀口面齐平。把削下的土样做含水量试验。
(5) 擦净环刀外壁，称量环刀加土的质量 m_2，准确至 0.1 g。
(6) 用推土器将试样从环刀中推出。
(7) 本试验须进行二次平行试验，其平行差值不大于 0.03 g/cm³，满足要求取其算术平均值。

四、成果整理

(1) 按式 (7-8) 计算土的湿密度：

$$\rho = \frac{m_2 - m_1}{V} \tag{7-8}$$

式中　ρ —— 土的湿密度 (g/cm³)；
　　　m_1 —— 环刀的质量 (g)；
　　　m_2 —— 环刀加土的质量 (g)。

(2) 按式 (7-9) 计算土的干密度：

$$\rho_d = \frac{\rho}{1 + 0.01w} \tag{7-9}$$

式中　ρ_d —— 土的干密度 (g/cm³)；
　　　ρ —— 土的湿密度 (g/cm³)；
　　　w —— 土的含水量 (%)。

(3) 按式 (7-10) 计算施工压实度：

$$K = \frac{\rho_d}{\rho_c} \times 100 \tag{7-10}$$

式中 ρ_c——由击实试验得到材料的最大干密度(g/cm³)。

五、注意事项

(1)操作要快，动作细心，以避免土样被扰动破坏结构及水分蒸发。
(2)环刀一定要垂直，加力适当，方向要正。
(3)边压边削的时候，切土刀要向外倾斜，以免把环刀下面的土样削空。

第四节 回弹弯沉测试——贝克曼梁法

一、目的与适用范围

本方法适用于测定各类路基路面的回弹弯沉以评定其整体承载能力，可供路面结构设计使用。
沥青路面的弯沉检测以沥青面层平均温度 20℃ 为准，当路面平均温度在 20℃±2℃ 以内可不修正，在其他温度测试时，对沥青层厚度大于 5 cm 的沥青路面，弯沉值应予温度修正。

二、仪具与材料

(1)标准车：双轴，后轴双侧 4 轮的载重车。其标准轴荷载、轮胎尺寸、轮胎间隙及轮胎气压等主要参数应符合表 7-5 的要求。测试车应采用后轴 10 t 标准轴载 BZZ-100 的汽车。
(2)路面弯沉仪：由贝克曼梁、百分表及表架组成。贝克曼梁由铝合金制成，上有水准泡，其前臂(接触路面)与后臂(装百分表)长度比为 2∶1。弯沉仪长度有两种：一种长 3.6 m，前后臂分别为 2.4 m 和 1.2 m；另一种加长的弯沉仪长 5.4 m，前后臂分别为 3.6 m 和 1.8 m。当在半刚性基层沥青路面或水泥混凝土路面上测定时，应采用长度为 5.4 m 的贝壳曼梁弯沉仪；对柔性基层或混合式结构沥青路面可采用长度为 3.6 m 的贝克曼梁弯沉仪测定。弯沉采用百分表测得，也可用自动记录装置进行测量。
(3)接触式路表温度计：端部为平头，分度不大于 1℃。
(4)其他：皮尺，口哨，白油漆或粉笔，指挥旗等。

表 7-5 弯沉测定用的标准车参数

标准轴载等级	BZZ-100
后轴标准轴载 P/kN	100±1
一侧双轮荷载/kN	50±0.5
轮胎充气压力/MPa	0.70±0.05
单轮传压面当量圆直径/cm	21.30±0.5
轮隙宽度	应满足能自由插入弯沉仪测头的测试要求

三、方法与步骤

（一）准备工作

(1) 检查并保持测定用标准车的车况及制动性能良好，轮胎胎压符合规定充气压。

(2) 向汽车车槽中装载（铁块或集料），并用地中衡称附后轴总质量及单侧轮荷载，均应符合要求的轴重规定，汽车行驶及测定过程中，轴重不得变化。

(3) 测定轮胎接地面积：在平整光滑的硬质路面上用千斤顶将汽车后轴顶起，在轮胎下方铺一张新的复写纸和一张方格纸，轻轻落下千斤顶，即在方格纸上印上轮胎印痕，用求积仪或数方格的方法测算轮胎接地面积，准确至 $0.1\ cm^2$。

(4) 检查弯沉仪百分表量程灵敏情况。

(5) 当在沥青路面上测定时，用路表温度计测定试验时气温及路表温度（一天中气温不断变化，应随时测定）。并通过气象台了解前 5 d 的平均气温（日最高气温与低气温的平均值）。

(6) 记录沥青路面修建或改建材料、结构、厚度、施工及养护等情况。

（二）测试步骤

(1) 将加载车停放在测试路段的测试位置，后轮一般应置于道路行车轮迹带上。将贝克曼梁插入加载车后轮轮隙处，与加载车行车方向一致。梁臂不得接触轮胎，贝克曼梁测头置于轮隙中心前方 3~5 cm 测点上。用路表温度计测量并记录测定附近的路表温度。

(2) 将百分表安装在表架上，并将百分表的测头安放在贝克曼梁的测定杆顶面。轻轻叩击弯贝克曼梁，确保百分表正常归位。

弯沉仪可以是单侧测定，也可以是双侧同时测定。

(3) 指挥加载车缓缓前进，速度一般为 5 km/h 左右，百分表随路面变形持续增加。当示值最大时，迅速读取初读数 L_1。加载车仍继续前进，示值开始反向变化，待加载车驶出弯沉影响范围（约 3 m 以上），百分表示值稳定后，读取终读数 L_2。

(4) 指挥加载车沿轮迹带前行，驶向下一测试位置，重复(1)~(3)的步骤，完成测试路段的回弹弯沉测试。

（三）弯沉仪的支点变形修正

(1) 当采用长度为 3.6 m 的弯沉仪进行弯沉测定时，有可能引起弯沉仪支座处变形，在测定时应检验支点有无变形。如果有变形，此时应用另一台检测用的弯沉仪安装在测定用弯沉仪的后方，其测点架于测定用弯沉仪的支点旁。当汽车开出时，同时测定两台弯沉仪的弯沉读数，如检验弯沉仪百分表有读数，即应该记录并进行支点变形修正。当在同一结构层上测定时，可在不同位置测定 5 次，求取平均值，以后每次测定时以此作为修正值。支点变形修正的原理如图 7-5 所示。

(2) 当采用长度为 5.4 m 的弯沉仪测定时，可不进行支点变形修正。

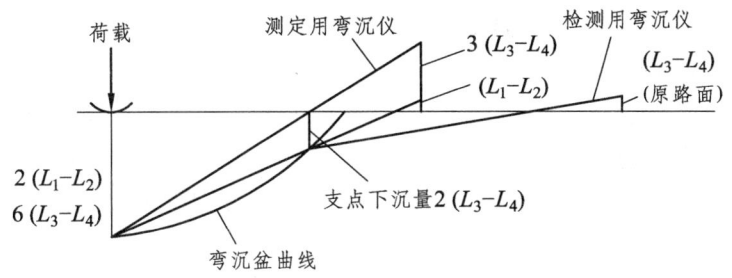

图 7-5 弯沉仪支点变形修正原理

(四)结果计算与温度修正

(1)路面测点的回弹弯沉值按式(7-11)计算:

$$l_t = (L_1 - L_2) \times 2 \tag{7-11}$$

式中 l_t——在路面温度 t 时的回弹弯沉值(0.01 mm);
L_1——车轮中心临近弯沉仪测头时百分表的最大读数(0.01 mm);
L_2——汽车驶出弯沉影响半径后百分表的终读数(0.01 mm)。

(2)当需进行弯沉仪支点变形修正时,路面测点回弹弯沉值按式(7-12)计算:

$$l_t = (L_1 - L_2) \times 2 + (L_3 - L_4) \times 6 \tag{7-12}$$

式中 L_1——车轮中心临近弯沉仪测头时百分表的最大读数(0.01 mm);
L_2——汽车驶出弯沉影响半径后百分表的终读数(0.01 mm);
L_3——车轮中心临近弯沉仪测头时检验用弯沉仪的最大读数(0.01 mm);
L_4——汽车驶出弯沉影响半径后检验用弯沉仪的终读数(0.01 mm)。

注:此式适用于测定用弯沉仪支座处有变形,但百分表架处路面已无变形的情况。

(3)沥青面层厚度大于 5 cm 的沥青路面,回弹弯沉值应进行温度修正。温度修正及回弹弯沉的计算宜按下列步骤进行。

①测定时的沥青层平均温度按式(7-13)计算:

$$t = (t_{25} + t_m + t_e)/3 \tag{7-13}$$

式中 t——测定时沥青层平均温度(℃);
t_{25}——根据 t_0 由图 7-6 决定的路表下 25 cm 处的温度(℃);
t_m——根据 t_0 由图 7-6 决定的沥青中间深度的温度(℃);
t_e——根据 t_0 由图 7-6 决定的沥青层底面处的温度(℃)。

图 7-6 中 t_0 为测定时路表温度与测定前 5 d 日平均气温的平均值之和(℃),日平均气温为日最高气温与最低气温的平均值。

②根据沥青层平均温度 t 及沥青层厚度,分别由图 7-7 及图 7-8 求取不同基层的沥青路面弯沉值的温度修正系数 K。

③沥青路面回弹弯沉按式(7-14)计算:

$$l_{20} = l_t \times K \tag{7-14}$$

式中 l_{20}——换算为 20℃的沥青路面回弹弯沉值(0.01 mm);

l_t——测定时沥青面层的平均温度为 t 时的回弹弯沉值(0.01 mm)；

K——温度修正系数。

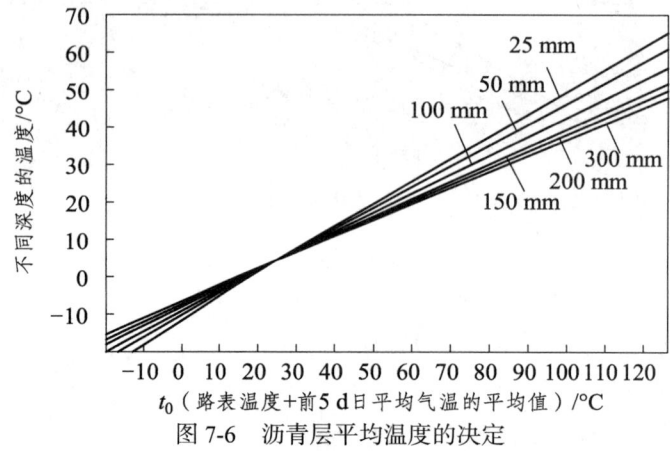

图 7-6　沥青层平均温度的决定

注：线上的数字表示从路表向下的不同深度(mm)。

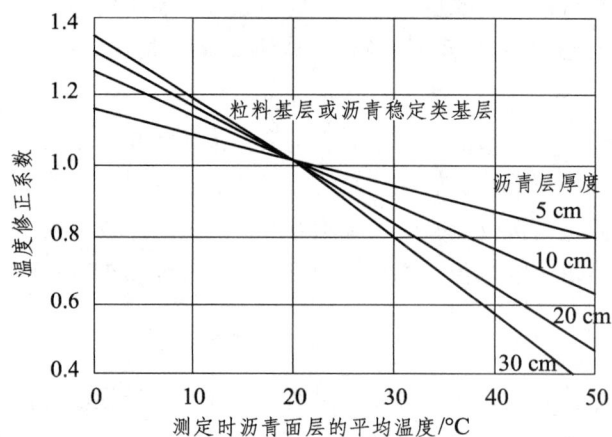

图 7-7　路面弯沉温度修正系数曲线(适用于粒料基层及沥青稳定基层)

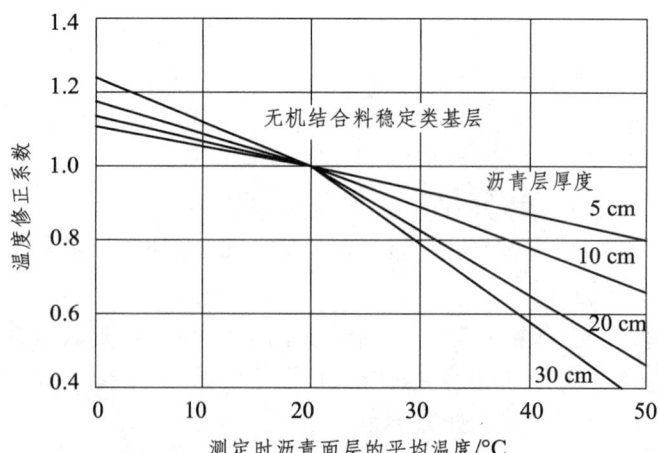

图 7-8　路面弯沉温度修正系数曲线(适用于无机结合料稳定的半刚性基层)

四、报 告

报告应包括下列内容:
(1)弯沉测定表、支点变形修正值、测试时的路面温度及温度修正值。
(2)每一个评定路段的各测点弯沉的平均值、标准差和代表弯沉。

五、结果评定

(1)弯沉代表值为弯沉测量值的上波动界限,用式(7-15)计算:

$$L_t = \bar{L} + Z_a \times S \tag{7-15}$$

式中 L_t—— 一个评定路段的弯沉代表值(0.01 mm);
$\bar{L}$—— 一个评定路段内经各项修正后的各测点弯沉的平均值(0.01 mm);
Z_a——与保证率有关的系数,当设计弯沉值按《公路沥青路面设计规范》(JTG D50—2006)确定时,采用表7-6中的规定值;
S—— 一个评定路段内经各项修正后的全部测点弯沉的标准差(0.01 mm)。

表7-6 保证率系数 Z_a 值

层 位	Z_a	
	高速公路、一级公路	二、三级公路
沥青面层	1.645	1.500
路基、柔性基层	2.000	1.645

(2)当路基和柔性基层、底基层的弯沉代表值不符合要求时,可将超出 $L±(2~3)S$ 的弯沉特异值舍弃,重新计算平均值和标准差。对舍弃的弯沉值大于 $L+(2~3)S$ 的点,应找出其周围界限,进行局部处理。用两台弯沉仪同时进行左右轮弯沉值测定时,应按两个独立测点计,不能采用左右两点的平均值。

(3)弯沉代表值大于设计要求的弯沉值时相应分项工程为不合格。
若在非不利季节测定时,应考虑季节影响系数。

第五节 锤式弯沉仪(FWD)测路面弯沉

一、目的与适用范围

本方法适用于测定在落锤式弯沉仪(Falling Weight Deflect-meter,简称FWD)标准质量的重锤落下一定高度发生的冲击荷载作用下,路基或路面表面所产生的瞬时变形,即测定在动态荷载作用下产生的动态弯沉及弯沉盆。并可由此反算路基路面各层材料的动态弹性模量,作为设计参数使用。所测结果经转换至回弹弯沉值后可用于评定道路承载能力，也可用于调查水泥混凝土路面接缝的传力效果，探查路面板下的空洞等，具有测试速度快、精度高等优点。

二、仪具与材料

落锤式弯沉仪(图 7-9)主要由以下四部分组成：

(1)荷载发生装置：包括落锤和落高，根据使用目的与道路等级选择，4 分式扇形承载板；无特殊需要，重锤的质量为 200 kg±10 kg，可采用产生 50 kN±2.5 kN 的冲击荷载，承载板直径一般为 300 mm。

(2)弯沉检测装置：由一组高精度位移传感器组成，数量不少于 7 个。

(3)运算控制系统：能在冲击荷载作用的瞬间内，记录冲击荷载及各个传感器所在位置测量的动态变形。

(4)车辆牵引系统：牵引 FWD 并安装运算及控制装置的车辆。

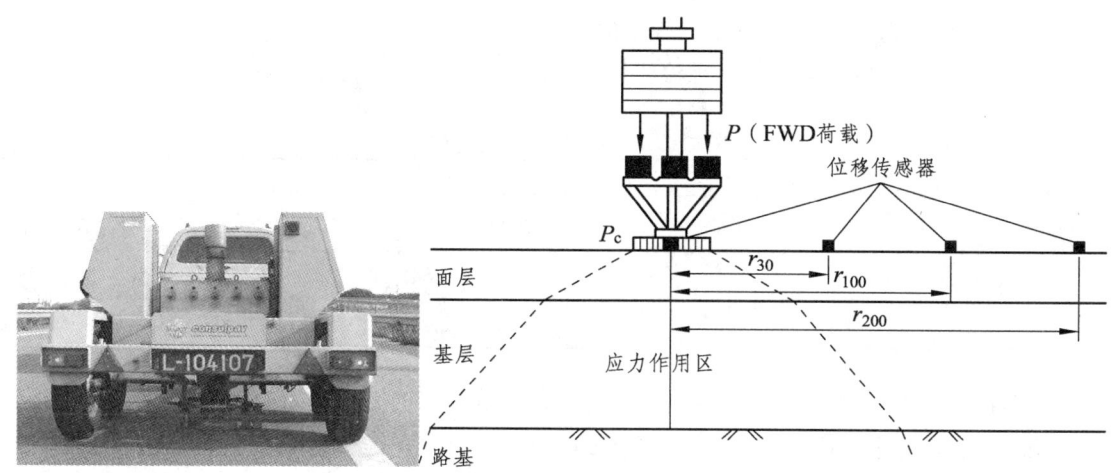

图 7-9　落锤式弯沉仪传感器布置及应力作用状态示例

三、方法与步骤

(一)准备工作

(1)调整重锤的质量及落高，使重锤的质量及产生的冲击荷载符合要求。

(2)在测试路段的路基或路面各层表面布置测点，其位置或距离随测试需要而定。当在路面表面测定时，测点宜布置在行车道的轮迹带上。测试时，还可利用距离传感器定位。

(3)检查 FWD 的车况及使用性能，用手动操作检查，各项指标符合仪器规定要求。

(4)将 FWD 牵引至测定地点，将仪器打开，进入工作状态。牵引 FWD 行驶的速度不宜超过 50 km/h。

(5)对位移传感器按仪器使用说明书进行标定，使之达到规定的精度要求。

(二)测试步骤

(1)承载板中心位置对准测点,承载板自动落下,放下弯沉装置的各个传感器。

(2)启动落锤装置,落锤瞬即自由落下,冲击力作用于承载板上,又立即自动提升至原来位置固定。同时,各个传感器检测结构层表面变形,记录系统将位移信号输入计算机,并得到峰值,即路面弯沉,同时得到弯沉盆,如图7-10所示。每一测点重复测定应不少于3次,除去第一个测定值,取以后几次测定值的平均值作为计算依据。

(3)提起传感器及承载板,牵引车向前移动至下一个测点,重复上述步骤,进行测定。

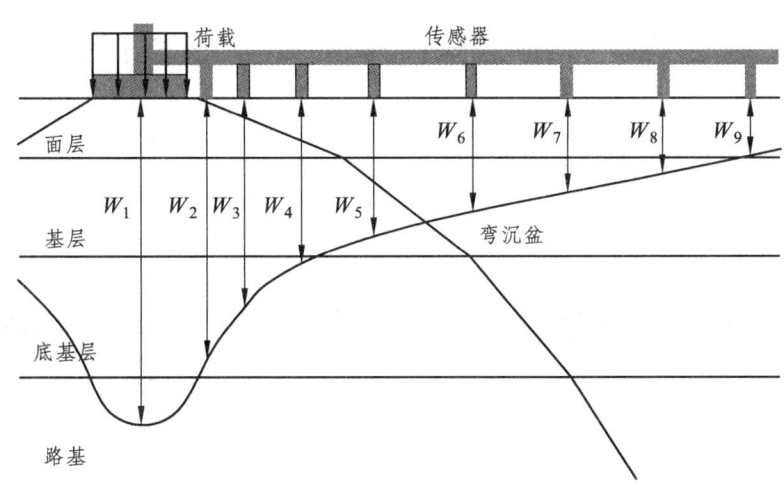

图7-10 落锤式弯沉仪测试曲线记录

(三)落锤式弯沉仪与贝克曼梁弯沉仪对比试验步骤

1. 路段选择

选择结构类型相同的路段,对不同地区选择某种路面结构的代表性路段,进行两种测试方法的对比试验,以便将落锤式弯沉仪测定的动弯沉换算成贝克曼梁测定的回弹弯沉值。选择的对比路段长度为300~500 m,弯沉值应有一定的变化幅度。

2. 对比试验步骤

(1)采用与实际使用相同且符合要求的落锤式弯沉仪及贝克曼梁弯沉仪测试车。落锤式弯沉仪的冲击荷载应与贝克曼梁弯沉仪测试车的后轴双轮荷载相同。

(2)标记对比路段的起始位置。

(3)按规范要求布置好测点,用贝克曼梁定点测定回弹弯沉,以测点为圆心画一个半径为15 cm的圆,标明测点位置。

(4)将落锤式弯沉仪的承载板对准圆圈,位置偏差不超过30 mm,按第(3)条进行测定。两种仪器对同一点弯沉测试的时间间隔不应超过10 min。

(5)逐点对应计算两者的相关关系。通过对比试验得出回归方程式 $L_{BB}=a+b \times L_{FWD}$。回归方程式的相关系数 R 应不小于0.95。

四、数据处理

(1)按桩号记录各测点的弯沉值,计算一个评定路段的平均值、标准差、代表值。
(2)各测点的最大弯沉及弯沉盆测定数据。
(3)对每一个评定路段全部测点弯沉的平均值、标准差、变异系数及代表弯沉。
(4)如进行了对比试验,尚应报告相关关系式、相关系数、换算的回弹弯沉。

第六节 路面平整度测试——3 m 直尺法

一、目的与适用范围

用 3 m 直尺测定路表面的平整度。定义 3 m 直尺基准面距离路表面的最大间隙表示路基路面的平整度,以 mm 计。

本方法适用于测定压实成型的路面各层表面的平整度,以评定路面的施工质量,也可用于路基表面成型后的施工平整度检测。

二、仪具与材料

(1)3 m 直尺:测量基准面长度为 3 m 长,基准面应平直,用硬木或铝合金钢等材料制成。
(2)最大间隙测量器具:

楔形塞尺:硬木或金属制的三角形塞尺,有手柄。塞尺的长度与高度之比不小于 10,宽度不大于 15 mm,边部有高度标记,刻度读数分辨率小于或等于 0.2 mm。

深度尺:金属制的深度测量尺,有手柄。深度尺测量杆端头半径不小于 10 mm,刻度读数分辨率小于或等于 0.2 mm。

(3)其他:皮尺或钢尺,粉笔等。

三、试验步骤

(一)准备工作

(1)按有关规范规定选择测试路段。
(2)测试路段的测试地点选择:当为沥青路面施工过程中的质量检测时,测试地点应选在接缝处,以单杆测定评定;除高速公路以外,可用于其他等级公路路基路面工程质量检查验收或进行路况评定,每 200 m 测 2 处,每处连续测 10 尺。除特殊需要者外,应以行车道一侧车轮轮迹(距车道线 0.8~1.0 m)作为连续测定的标准位置。对旧路已形成车辙的路面,应取车辙中间位置为测定位置,用粉笔在路面上做好标记。

(3)清扫路面测定位置处的污物。

(二)测试步骤

(1)施工过程中检测时,按根据需要确定的方向,将3 m直尺摆在测试地点的路面上。
(2)目测3 m直尺底面与路面之间的间隙情况,确定最大间隙的位置。
(3)用有高度标线的塞尺塞进间隙处,量测其最大间隙的高度(mm);或者用深度尺在最大间隙位置量测直尺上顶面距地面的深度,该深度减去尺高即为测试点的最大间隙的高度,准确至0.2 mm。
(4)施工结束后检测时,每1处连续检测10尺,按上述(1)~(3)的步骤测记10个最大间隙

四、结果整理

单杆检测路面的平整度计算,以3 m直尺与路面的最大间隙为测定结果。连续测定10尺时,判断每个测定值是否合格。根据要求,计算合格百分率,并计算10个最大间隙的平均值。

五、报 告

单杆检测的结果应随时记录测试位置及检测结果。连续测定10尺时,应报告平均值、不合格尺数、合格率。

第七节 路面构造深度测试——手动铺砂法和电动铺砂法

一、目的与适用范围

本方法适用于测定沥青路面及水泥混凝土路面表面构造深度,用以评定路面表面的粗糙度、表面的排水性能及抗滑性能。

二、仪具与材料

方法不一样,使用的仪器有所不同。

(一)手动铺砂法

(1)人工铺砂仪:由量筒、推平板等组成。
量筒:形状如图7-11所示,一端封闭,容积为25 mL±0.15 mL,可通过称量砂筒中水的质量以确定其体积V,并调整其高度,使其容积符合规定。带一专门的刮尺,可将筒口量砂刮平。
推平板:形状如图7-12所示,推平板应为木制或铝制,直径50 mm,底面粘一层厚1.5 mm的橡胶片,上面有一圆柱把手。

刮平尺：可用 300 mm 钢板尺代替。

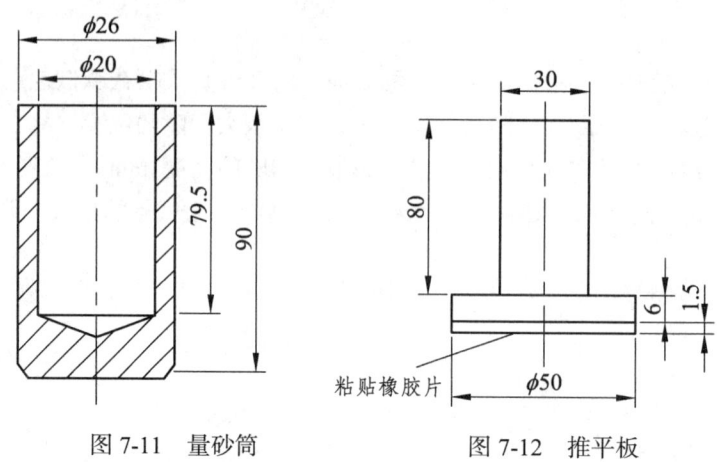

图 7-11　量砂筒　　　　　图 7-12　推平板

(2)量砂：足够数量的干燥清洁的匀质砂，粒径 0.15～0.30 mm。

(3)量尺：钢板尺、钢卷尺，或采用已按 T0961 将直径换算成构造深度为刻度单位的专用的构造深度尺。

(4)其他：装砂容器(小铲)、扫帚或毛刷、挡风板等。

(二)电动铺砂法

(1)电动铺砂仪：利用可充电的直流电源将量砂通过砂漏铺设成宽度 5 cm，厚度均匀一致的器具，如图 7-13 所示。

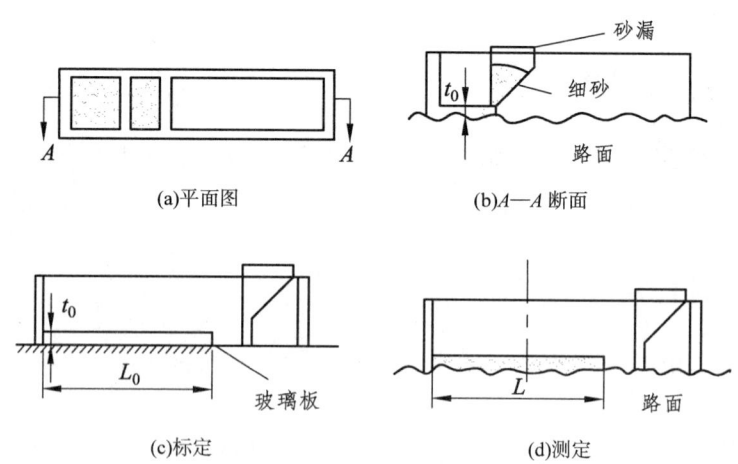

图 7-13　电动铺砂仪

(2)量砂：足够数量的干燥清洁的匀质砂，粒径 0.15～0.30 mm。

(3)标准量筒：容积 50 mL。

(4)玻璃板：面积大于铺砂器，厚度 5 mm。

(5)其他：直尺、扫帚、毛刷等。

三、方法与步骤

(一)手动铺砂法

1. 准备工作

(1)量砂准备：取洁净的细砂，晾晒过筛，取 0.15～0.30 mm 的砂置于适当的容器中备用。量砂只能在路面上使用一次，不宜重复使用。

(2)对测试路段按随机取样选点的方法，决定测点所在的横断面位置。测点应选在车道的轮迹带上，距路面边缘不宜小于 1 m。

2. 测试步骤

(1)用扫帚或毛刷子将测点附近的路面清扫干净，面积不小于 30 cm×30 cm。

(2)用小铲装砂，沿筒壁向圆筒中注满砂，手提圆筒上方，在硬质路表面上轻轻地叩打 3 次，使砂密实，补足砂面用钢尺一次性刮平。

(3)将砂倒在路面上，用地面粘有橡胶片的推平板，由里向外做旋转摊铺运动，稍稍用力将砂细心地尽可能地往外推开，使砂填入凹凸不平的路表面空隙中，尽可能将砂推成圆形，并不得在表面上有浮动余砂。注意，摊铺的时候不可用力过大或向外推挤。

(4)用钢板尺测量所构成的圆的两个垂直方向的直径，取其平均值，准确至 5 mm。

(5)按以上方法，同一处平行测定不少于 3 次，3 个测点均位于轮迹带上，测点间距 3～5 m。对同一处，应该由同一个试验员进行测定。该处测点位置以中间测点的位置表示。

(二)电动铺砂法

1. 准备工作

(1)量砂准备：取洁净的细砂，晾晒过筛，取 0.15～0.30 mm 的砂置于适当的容器中备用。量砂只能在路面上使用一次，不宜重复使用。

(2)对测试路段按随机取样选点的方法，决定测点所在的横断面位置。测点应选在车道的轮迹带上，距路面边缘不宜小于 1 m。

2. 标　定

(1)将铺砂器平放在玻璃板上，将砂漏移至铺砂器端部。

(2)将灌砂漏斗口与量筒口大致齐平。通过漏斗向量筒中注入准备好的量砂至高出量筒成尖顶状，用直尺沿筒口一次刮平，其容积为 50 mL。

(3)使漏斗口与铺砂器砂漏上口大致齐平。将砂通过漏斗均匀倒入砂漏，漏斗前后移动，使砂的表面大致齐平，但不得用任何其他工具刮动砂。

(4)启动开关，使沙漏向另一端缓缓运动，量砂沿砂漏底部铺成如图 7-14 所示的宽 5 cm 的带状，将砂全部漏完方可停止。

(5)按图 7-14，依据下式由 L_1 和 L_2 的平均值决定量砂的摊铺长度 L_0，准确至 1 mm。

$$L_0 = (L_1 + L_2)/2 \tag{7-16}$$

(6)重复标定 3 次，取平均值决定 L_0，准确至 1 mm。

注：标定应在每次测试前进行，用同一种量砂，由承担测试的同一试验员进行。

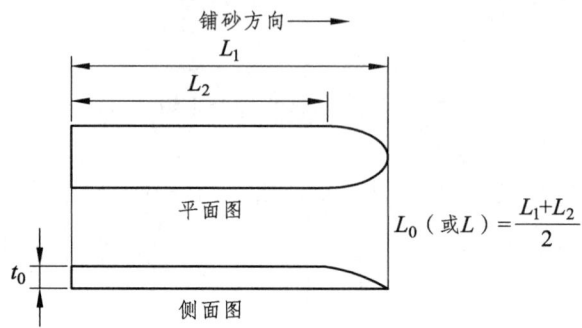

图 7-14　决定 L_0 及 L 的方法

3. 测试步骤

(1)将测试地点用毛刷刷净，面积大于铺砂仪。

(2)将铺砂器沿道路纵向平稳地放在路面上，将砂漏移至端部。

(3)按 2.铺砂器标定方法中的(2)～(5)相同的步骤，在测试地点摊铺 50 mL 量砂，按图 7-14 中的方法量取摊铺长度 L_1 及 L_2，由式(7-17)计算 L，准确至 1 mm。

$$L = (L_1 + L_2)/2 \tag{7-17}$$

(4)按以上方法，同一处平行测定不少于 3 次，3 个测点均位于轮迹带上，测点间距 3～5 m。该处测点位置以中间测点的位置表示。

四、结果整理

(一)手动铺砂法

(1)路面表面构造深度测定结果按式(7-18)计算：

$$\mathrm{TD} = \frac{1\,000V}{\pi D^2/4} = \frac{31\,831}{D^2} \tag{7-18}$$

式中　TD——路面表面构造深度(mm)；
　　　V——砂的体积(25 cm^3)；
　　　D——摊平砂的平均直径(mm)。

(2)每一处均取 3 次路面构造深度的测定结果的平均值作为试验结果，准确至 0.01 mm。

(3)计算每一个评定区间路面构造深度的平均值、标准差、变异系数。

(二)电动铺砂法

(1)按式(7-19)计算铺砂仪在玻璃板上摊铺的量砂厚度 t_0。

$$t_0 = \frac{V}{B \times L_0} \times 1\,000 = \frac{1\,000}{L_0} \tag{7-19}$$

式中 t_0——在玻璃板上摊铺的标定厚度(mm);

V——量砂体积,50 mL;

B——铺砂仪铺砂宽度,50 mm。

(2)按式(7-20)计算路面构造深度 TD:

$$\text{TD} = \frac{L_0 - L}{L} \times t_0 = \frac{L_0 - L}{L \times L_0} \times 1\,000 \tag{7-20}$$

式中 TD——路面的构造深度(mm)。

(3)每一处均取 3 次路面构造深度的测定结果的平均值作为试验结果,准确至 0.01 mm。

(4)计算每一个评定区间路面构造深度的平均值、标准差、变异系数。

五、报 告

(1)逐点报告路面构造深度的测定值及 3 次测定的平均值。当平均值小于 0.02 mm 时,试验结果以<0.02 mm 表示。

(2)每一个评定区间路面构造深度的平均值、标准差、变异系数。

第八节 摆式仪测定路面摩擦系数方法

一、目的与适用范围

适用于测定沥青路面及水泥混凝土路面的抗滑值,用以评定路面在潮湿状态下的抗滑能力。

二、仪器设备

(1)摆式仪摆及摆的连接部分总质量为 1 500 g±30 g 摆动中心至摆的重心距离为 410 mm±5 mm,测定时摆在路面上滑动长度为 126 mm±1 mm,摆上橡胶片端部距摆动中心的距离为 510 mm,橡胶片对路面的正向静压力为 22.2 N±0.5 N。

(2)橡胶片:尺寸为 6.35 mm×25.4 mm×76.2 mm,橡胶质量应符合规定要求。当橡胶片使用后,端部在长度方向上磨耗超过 1.6 mm 或边缘在宽度方向上磨耗超过 3.2 mm,或有油类污染时,即应更换新橡胶片,新橡胶片应先在干燥路面上测试 10 次后再用于测试。橡胶片的有效使用期为 1 年。

(3)滑动长度量尺:长 126 mm。

(4)洒水壶。

(5)橡胶刮板。
(6)路面温度计：分度不大于1℃。
(7)其他：皮尺或钢卷尺，扫帚，粉笔等。

三、准备工作

(1)检查摆式仪的调零灵敏情况，并定期进行仪器的标定。
(2)按规定的方法选择测试位置，每个测试位置布设3个测点，测点间距离为3～5 m，以中心测点的位置表示该测试位置。测试位置应选在车道横断面上轮迹处，且距路面边缘不应小于1 m。

四、测试步骤

(1)清洁路面。
用扫帚或其他工具将测点处路面上的浮尘或附着物打扫干净。
(2)仪器调平。
①将指针式摆式仪置于路面测点上，并使摆的摆动方向与行车方向一致。
②转动底座上的调平螺栓，使水准泡居中。
(3)指针调零。
①放松紧固旋钮，转动升降旋钮，使摆升高并能自由摆动，然后旋紧紧固旋钮。
②将摆固定在右侧悬臂上，使摆处于水平位置，并把指针拨至右端与摆杆贴紧。
③右手按下释放开关，使摆向左带动指针摆动，当摆达到最高位置后刚开始下落时，用左手将摆杆接住，此时指针应指零。
④指针若不指零，通过转动松紧调节螺母进行调整后，重复①～③的步骤，直至指针指零，调零允许误差为±1。
(4)校核滑动长度。
①让摆处于自然下垂状态，松开固定旋钮，转动升降旋钮使摆下降，并提起举升柄使摆向左侧移动，然后放下举升柄使橡胶片长边下缘轻轻触地，在边侧紧靠橡胶片摆放滑动长度量尺，使量尺左端对准橡胶片触地下缘；再提起举升柄使摆向右侧移动，然后放下举升柄使橡胶片下缘轻轻触地，检查橡胶片下缘是否与滑动长度量尺的右端齐平。若齐平，则说明橡胶片两次触地的距离(滑动长度)符合 126 mm±1 mm 的要求。左右两次橡胶片长边边缘应以刚刚接触路面为准，不可借摆的力量向前滑动，以免标定的滑动长度与实际不符。
②橡胶片两次触地与量尺两端若不齐平，通过升高或降低摆或仪器底座的高度进行调整。微调时，也可用旋转仪器底座上的调平螺丝调整仪器底座高度的方法，但需注意保持水准泡居中。
③重复①～②的步骤，直至滑动长度符合 126 mm±1 mm 的要求。
(5)将摆固定在右侧悬臂上，使摆处于水平位置，并把指针拨至右端靠紧摆杆。
(6)用喷水壶浇洒测点处路面，使之处于湿润状态。

(7)按下右侧悬臂上的释放开关,使摆在路面滑过,当摆杆回落时,用手接住摆杆并读数,但不做记录。

(8)按(5)~(7)的规定,重复操作5次,读记每次测试的摆值。5个摆值中最大值与最小值的差值不得大于3,如差值大于3,应重复上述各项操作,至符合规定为止。

(9)在测点处用温度计测记潮湿路表温度,准确1℃。

(10)重复以上(1)~(9),完成一个测试位置3个测点的摆值测试。

五、数据处理

(1)计算每个测点5个摆值的平均值作为该测点的摆值BPN,取整数。

(2)摆值的温度修正。

当路面温度为 T(℃)时测得的摆值 BPN_T 应按式(7-21)换算成标准温度20℃的摆值 BPN_{20}:

$$BPN_{20} = BPN_T + \Delta BPN \tag{7-21}$$

式中　BPN_{20}——换算成标准温度20℃时的摆值;

　　　BPN_T——路面温度 T 时测得的摆值;

　　　ΔBPN——温度修正值按表7-7采用。

表7-7　温度修正值

温　度/℃	0	5	10	15	20	25	30	35	40
温度修正值 ΔBPN	-6	-4	-3	-1	0	+2	+3	+5	+7

(3)计算每个测试位置3个测点摆值的平均值作为该测试位置的摆值,取整数。

(4)计算一个测试路段摆值的平均值、标准差、变异系数。

第九节　沥青路面渗水系数试验

一、目的与适用范围

本方法用于在路面现场测定沥青路面的渗水系数。

二、仪具设备

(1)路面渗水仪:形状及尺寸如图7-15。上部盛水量筒由透明有机玻璃制成,容积600 mL,上有刻度,在100 mL及500 mL处有粗标线,下方通过 ϕ10 mm细管与底座相接,中间有一开关。量筒通过支架联结,底座下方开口内径 ϕ150 mm,外径 ϕ220 mm,仪器附不锈钢压重两个,每个质量约5 kg,内径 ϕ160 mm。

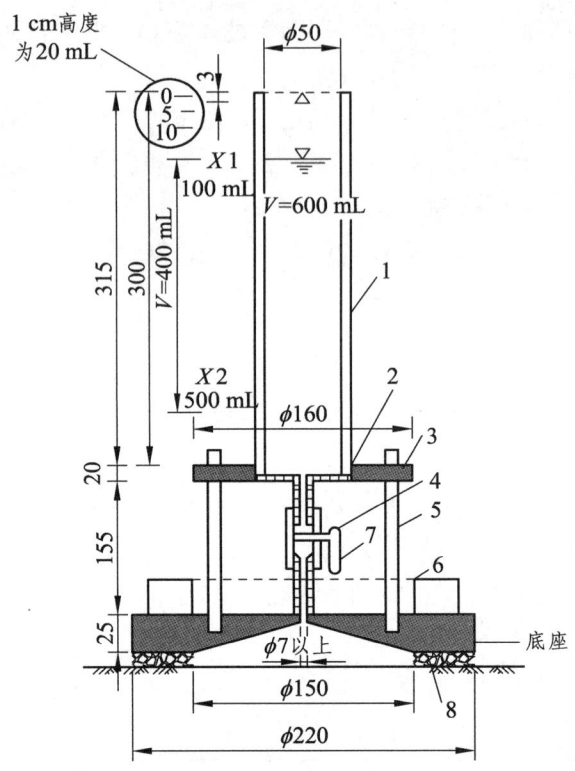

1—透明有机玻璃筒；2—螺纹连接；3—顶板；4—阀；5—立柱支架；
6—压重钢圈；7—把手；8—密封材料。

图 7-15 渗水仪结构图（单位：mm）

(2)水筒及大漏斗。
(3)秒表，密封材料(防水腻子、油灰或橡皮泥)，水、粉笔、刮刀、塑料圈、扫帚等。

三、方法与步骤

(1)在测试路段的行车道路面上，按随机取样方法选择测试位置，每一检测路段应测定 5 个测点，并做好测试标记，清扫干净测点杂物。

(2)将塑料圈置于路面表面测点上，分别沿塑料圈内侧和外侧画上圈，外环和内环之间的部分就是需要用密封材料进行密封的区域。

(3)用密封材料对环状密封区域进行密封处理，注意不要使密封材料进入内圈。

(4)将渗水仪放在路面表面的测点上，注意使渗水仪的中心尽量和圆环中心重合，将渗水仪压在条状密封材料表面，加上配重，以防压力水从底座与路面间流出。

(5)关闭开关，向量筒中注满水，然后打开开关，使量筒中的水下流排出渗水仪底部内的空气。空气全部排出后，关闭开关，并再次向量筒中注满水。

(6)打开开关，待水面下降至 100 mL 刻度时，立即开动秒表开始计时，每间隔 60 s，读记仪器管的刻度一次，至水面下降 500 mL 时为止。测试过程中，如水从底座与密封材料间渗出，说明底座与路面密封不好，应移至附近干燥路面处重新操作。当水面下降速度较慢，则测定 3 min 的渗水量即可停止；如不到 3 min 时间到达了 500 mL 刻度线，则记录到达了 500 mL 刻度线时的时间；若水面下降至一定程度后基本保持不动，说明基本不透水或根本不透水，在报告中注明。

(7) 在同一个检测路段选择 5 个测点测定渗水系数，取其平均值作为检测结果。

四、结果计算

(1) 计算时以水面从 100 mL 下降到 500 mL 所需的时间为标准，若渗水时间过长，也可以采用 3 min 通过的水量计算。

$$C_w = \frac{V_2 - V_1}{t_2 - t_1} \times 60 \tag{7-22}$$

式中　C_w——路面渗水系数(mL/min)；

　　　V_1——第一次计时时的水量(mL)，通常为 100 mL；

　　　V_2——第二次计时时的水量(mL)，通常为 500 mL；

　　　t_1——第一次计时的时间(s)；

　　　t_2——第二次计时的时间(s)。

(2) 现场检测时，每一个检测路段应测定 5 个测点，取其平均值作为检测结果。若路面不透水，在报告中注明渗水系数为 0。

思 政 小 记

当今社会中频频出现"楼歪歪""桥脆脆""路脆脆"等诸多"脆脆"，有些"豆腐渣工程"竟然连面世的机会都没有就胎死腹中，有些甚至还有"优良工程"等耀眼光环，而随着时间推移，变身为"豆腐渣工程"……

建筑工程何以变成了"豆腐渣"？大多是因为这些工程在建筑过程中或擅自乱改设计，或偷工减料，或使用劣质材料。

违规的建筑又何以被验收合格并交付使用的呢？

一方面与工程机制有关。据有关方面统计，在一些地方近些年发生的腐败大案要案中，很多与建筑工程领域项目有关。另一方面与工程技术人员的责任担当有直接关系。

为了杜绝"豆腐渣工程"，腐败预防与责任担当必须两手抓，两手都要硬。

在未来的道路上，告别"豆腐渣"工程的祸根，铸造"精品"工程的优质，需要人人将"腐败预防重于泰山，勇于担当开创未来"的责任内化于心，外化于行！

参 考 文 献

[1] 中华人民共和国国家质量监督检验检疫总局. 计数抽样检验程序：GB/T 2828—2010[S]. 北京：中国标准出版社，2010.

[2] 费业泰. 误差理论与数据处理[M]. 北京：机械工业出版社，2000.

[3] 中华人民共和国国家质量监督检验检疫总局. 数值修约规则与极限数值的表示和判定：GB/T 8170—2008[S]. 北京：中国标准出版社，2008.

[4] 王瑞燕，李德军，张祖棠. 建筑材料试验指导书[M]. 重庆：重庆大学出版社，2015.

[5] 中华人民共和国行业标准. 公路工程石料试验规程：JTGE 41—2005[S]. 北京：人民交通出版社，2005.

[6] 中华人民共和国行业标准. 公路工程集料试验规程：JTGE 42—2005[S]. 北京：人民交通出版社，2005.

[7] 中华人民共和国国家标准. 建设用卵石、碎石：CB/T 14685—2011[S]. 北京：中国标准出版社，2011.

[8] 中华人民共和国国家标准. 建设用砂：CB/T 14684—2011[S]. 北京：中国标准出版社，2011.

[9] 中华人民共和国行业标准. 公路工程质量检验评定标准 第一册 土建工程：JTGF 80/1—2017[S]. 北京：人民交通出版社，2018.

[10] 中华人民共和国行业标准. 公路桥涵施工技术规范：JTG/T 3650—2020[S]. 北京：人民交通出版社，2020.

[11] 中华人民共和国行业标准. 公路土工试验规程：JTG 3430—2020[S]. 北京：人民交通出版社，2020.

[12] 李广信，张丙印，于玉贞. 土力学[M]. 2版. 北京：清华大学出版社，2018.

[13] 中华人民共和国国家标准. 通用硅酸盐水泥：GB 175—2019[S]. 北京：中国标准出版社，2019.

[14] 中华人民共和国国家标准. 水泥标准稠度用水量、凝结时间、安定性检测方法：GB/T 1346—2011[S]. 北京：中国建筑工业出版社，2011.

[15] 中华人民共和国国家标准. 水泥胶砂强度检验方法(ISO法)：GB/T 17671—2021[S]. 北京：中国建筑工业出版社，2021.

[16] 中华人民共和国国家标准. 混凝土强度检验评定标准：GB/T 50107—2010[S]. 北京：中国建筑工业出版社，2010.

[17] 中华人民共和国行业标准. 公路路基施工技术规范：JTG/T 3610—2019[S]. 北京：人民交通出版社，2019.

[18] 中华人民共和国行业标准. 公路工程无机结合料稳定材料试验规程：JTGE 51—2009[S]. 北京：人民交通出版社，2009.

[19] 中华人民共和国行业标准. 公路路面基层施工技术细则：JTG/TF 20—2015[S]. 北京：人民交通出版社，2015.

[20] 中华人民共和国行业标准. 公路工程水泥及水泥混凝土试验规程：JTG 3420—2020[S]. 北京：人民交通出版社，2020.

[21] 中华人民共和国行业标准. 公路水泥混凝土路面施工技术细则：JTG/TF 30—2014[S]. 北京：人民交通出版社，2014.

[22] 中华人民共和国建设部. 普通混凝土拌合物性能试验方法标准：GB/T 50080—2016[S]. 北京：中国标准出版社，2016.

[23] 中华人民共和国建设部. 普通混凝土力学性能试验方法标准：GB/T 50081—2019[S]. 北京：中国标准出版社，2019.

[24] 中华人民共和国国家标准. 混凝土质量控制标准：GB 50164—2011[S]. 北京：中国建筑工业出版社，2011.

[25] 中华人民共和国行业标准. 公路工程沥青及沥青混合料试验规程：JTGE 20—2011[S]. 北京：人民交通出版社，2011.

[26] 中华人民共和国行业标准. 公路沥青路面施工技术规范：JTGF 40—2004[S]. 北京：人民交通出版社，2004.

[27] 中华人民共和国行业标准. 公路路基路面现场测试规程：JTG 3450—2019[S]. 北京：人民交通出版社，2008.

[28] 李立寒，张南鹭. 道路建筑材料[M]. 5版. 上海：同济大学出版社，2010.

[29] 张超，支喜兰. 公路工程试验检测人员考试用书：道路工程(2022年版)[M]. 北京：人民交通出版社，2022.

学 生 试 验 报 告

试验课程名称_____

开课实验室_____

学　　　院_____年级_____专业班_____

学 生 姓 名_____学号_____

开 课 时 间_____至_____学年第_____学期

总　成　绩	
教师签名	
批改日期	

试验课的要求

一、实验室的纪律要求

1. 进入实验室后,要听从教师的安排,不得大声说笑和打闹。
2. 进入实验室后,对本组所用的仪器设备进行检查,如有缺损或失灵应立即报告,由教师修理或调换,不得私自拆卸。试验结束时,应将所用仪器设备按原位放好,经检查后方可离开实验室。
3. 要爱护试验仪器设备,严格按照试验操作规程进行试验,同时注意人身安全,非本次试验所用的室内其他仪器,不得随便乱动。
4. 在试验过程中,当仪器设备被损坏时,当事者应立即向实验室教师报告,由其根据学校的规定给予检查或赔偿等处理。
5. 试验结束后,每组学生对所用的仪器设备及桌面、地面应加以清理,并由各试验小组做好实验室的卫生整理。
6. 完成试验后,经教师同意后方可离开实验室。

二、试验与试验报告的要求

1. 每次做试验以前,要认真阅读试验指导书,熟悉试验内容和试验方法步骤。
2. 要以严肃的科学态度、严格的作风、严密的方法进行试验,认真记录好试验数据。
3. 在试验课进行中要认真回答教师提出的问题,回答问题的情况作为试验课考核成绩的一部分。
4. 要认真填写、整理试验报告,不得潦草,不得缺项、漏项,报告中的计算部分必须完成,同时要保持试验报告的整洁。
5. 试验报告应及时完成,并按老师规定的时间上交。

石料真实密度、毛体积密度及孔隙率试验报告

(总分：　　　分)

姓名：　　　　　学号：　　　　　班级：　　　　　分数：

试验目的										
主要试验设备及仪器										
试验依据						试验方法				

	试验次数	石粉试样质量/g	石粉装入比重瓶后剩余质量/g	装入比重瓶中的石粉质量/g	比重瓶液面读数/mL		装入石粉体积/cm³	真实密度/(g/cm³)	
					装石粉前	装石粉后		测定值	平均值
真实密度									

		试件编号	试件尺寸/(cm×cm×cm)			试件体积/cm³	试件质量/g	毛体积密度/(g/cm³)	
			长	宽	高			测定值	平均值
毛体积密度	量积法	1							
		2							
		3							
		试件编号	干燥试件质量/g	涂蜡试件在空气中质量/g	涂蜡试件在水中质量/g	石蜡密度/(g/cm³)		毛体积密度/(g/cm³)	
								测定值	平均值
	蜡封法	1							
		2							
		3							

	真实密度/(g/cm³)	毛体积密度/(g/cm³)	孔隙率/%	密实度
孔隙率				

备注	

细集料表观密度、堆积密度及空隙率试验报告

(总分：　　　分)

姓名：　　　　　学号：　　　　　班级：　　　　　分数：

		试验目的					
		主要试验设备及仪器					
		试验依据				试验方法	
表观密度	容量瓶法	试验次数	试样质量/g	水及容重瓶质量/g	试样、水及容量瓶质量/g	表观密度/(g/cm³) ④=①/(①+②-③)	
			①	②	③	测定值	平均值
	比重瓶法	试验次数	试样质量/g	比重瓶中水面读数/mL	加试样后水面读数/mL	试样表观体积/cm³	表观密度/(g/cm³)
							测定值　平均值
堆积密度		试验次数	容量筒容积/L	容量筒质量/kg	试样与容重筒总质量/kg	试样质量/kg	堆积密度/(g/cm³)
							测定值　平均值
空隙率		表观密度/(g/cm³)		堆积密度/(g/cm³)		空隙率/%	密实度
备注							

细集料颗粒级配试验报告

(总分：　　　分)

姓名：　　　　　学号：　　　　　班级：　　　　　分数：

试验目的						
主要试验设备及仪器						
试验依据				试验方法		
筛前试样质量/g				各筛上分计筛余/%	各筛上累计筛余/%	各筛通过量/%
筛孔直径/mm	各筛上筛余质量/g					
	1	2	平均			
4.75						
2.36						
1.18						
0.60						
0.30						
0.15						
底盘						
总计						
散失						
细度模数						
筛分曲线						

—·— Ⅰ区　　——— Ⅱ区　　----- Ⅲ区

该级配属　　　区

粗集料筛分试验报告

(总分：　　　分)

姓名：　　　　　　学号：　　　　　　班级：　　　　　　分数：

试验目的								
仪器设备								
试验依据				试验条件				
试样总质量/g	1			2			平均累计筛余/%	规定级配范围/%
筛孔尺寸/mm	筛上质量/g	分计筛余/%	累计筛余/%	筛上质量/g	分计筛余/%	累计筛余/%		
筛后总量/g				筛后总量/g				
损耗/g				损耗/g				
损耗率/%				损耗率/%				
备注								

粗集料压碎值试验报告

(总分：　　　分)

姓名：　　　　　　学号：　　　　　　班级：　　　　　　分数：

试验目的					
主要试验设备及仪器					
试验条件			试验依据		
试样编号	试验前试样质量/g	通过2.36 mm筛孔的细料质量/g	压碎值/%	压碎值测定值/%	
备 注					

水泥物理性能试验报告

(总分：　　　分)

姓名：　　　　　　学号：　　　　　　班级：　　　　　　分数：

试验目的					
主要试验设备及仪器					

标准稠度用水量	标准法				
	试锥法	500	142.5	28.5	
		$P=33.4-0.185S=$			

凝结时间	试样编号	加水时间 /(h: min)	试针沉入距底板 (4±1) mm /(h: min)	试针沉入距表面不超过 0.5 mm /(h: min)	初凝时间 /min	终凝时间 /min

细度	水泥试样质量 /g	筛余水泥质量 /g	筛余 /%	细度 0.08 mm 筛筛余 /%

安定性	沸煮试饼法		雷氏夹法				
	试饼煮后情况描述		试件编号	指针尖间距 /mm			增加的平均值 /mm
				煮前	煮后	煮后增加	
				(A)	(C)	(C-A)	
	安定性结果：		安定性结果：				

水泥混凝土性能试验报告

(总分： 分)

姓名： 学号： 班级： 分数：

	试验目的										
	主要试验设备及仪器										
设计要求	坍落度/mm		配料设计	组成材料名称	水泥	细骨料	粗骨料	水	外加剂	水胶比	
				配合比	1						
	强度等级			每方混凝土用料/kg							
				①理论密度/(kg/m³)							

试验项目	新拌混凝土拌合物工作性			试验条件				试验依据			
试拌记录	调整次数	拌和体积/L	各种材料用量/kg					坍落度或工作度/mm	目测评定		
			水泥	细骨料	粗骨料	水	外加剂		棍度	黏聚性	砂量	析水量	保水性
	初拌用料												
	第一次调整												
	第二次调整												
	调整后共计用料							调整后理论密度/(kg/L)				
	调整后配合比	1										

试验项目	新拌混凝土湿表观密度		试验条件			试验依据		
湿表观密度/(kg/L)	容量筒体积/L	容量筒质量/kg	容量筒装入混凝土总质量/kg	容量筒中混凝土质量/kg	测定值		平均值	
新拌混凝土湿表观密度/(kg/L)								
单方混凝土实际材料用量/kg	水泥	细骨料	粗骨料	水	外加剂			

水泥及混凝土强度试验报告

(总分：　　　分)

姓名：　　　　　学号：　　　　　班级：　　　　　分数：

试验目的									
主要试验设备及仪器									
试验项目			水泥抗折抗压强度			试验依据			
每组试件材料用量/g					制模日期			养护室条件	
水灰比	水泥	标准砂	水		年	月	日	平均温度/℃	
0.5	450	1 350	225					相对湿度/%	
试件龄期	试件编号	抗折试验				抗压试验			
		抗折强度/MPa				抗压强度/MPa			
		破坏荷载/kN	测定值	平均值		破坏荷载/kN	测定值		平均值

试验项目	混凝土抗压强度		试验依据	
成型时间		试验时间		试验龄期
试件尺寸		养护条件		
试件编号	破坏荷载/kN	强度测试值/MPa	强度代表值/MPa	备注
1				
2				
3				

水泥混凝土立方体抗压强度试验报告

(总分：　　　分)

姓名：　　　　　　学号：　　　　　　班级：　　　　　　分数：

试验目的										
主要试验设备及仪器										
试验依据							养护条件	温度		
试验编号								湿度		
组成材料种类及性质	水泥		细集料		粗集料		水			
配合比 /(kg/m³)										
试件编号	制备日期	试验日期	龄期/d	极限破坏荷载 F/kN	试件尺寸		试件截面 A/mm²	抗压强度		换算系数 k	换算后的立方体抗压强度 f_{cu}/MPa
					a/mm	b/mm		单个值 $f_{cu(i)}$/MPa	平均值 f_{cu}/MPa		
备注											

水泥混凝土抗折强度试验报告

(总分：　　　分)

姓名：　　　　　　学号：　　　　　　班级：　　　　　　分数：

试验目的											
主要试验设备及仪器											
试验依据					养护条件		温度				
试验编号							湿度				
组成材料种类及性质	水泥		细集料			粗集料		水			
配合比/(kg/m³)											

试件编号	制备日期	试验日期	龄期/d	试件尺寸		断面与邻近支点距离 x/mm	极限破坏荷载 F/N	抗折强度		折算系数 k	折算后的抗折强度 f_{cf}/MPa
				宽度 b/mm	高度 h/mm			单个值 $f_{cf(i)}$/MPa	平均值 f_{cf}/MPa		
备注											

水泥混凝土抗拉(劈裂)强度试验报告

(总分： 分)

姓名： 学号： 班级： 分数：

试验目的	
主要试验设备及仪器	

试验依据		养护条件	温度	
试验编号			湿度	

组成材料种类及性质	水泥	细集料	粗集料	水

配合比/(kg/m³)				

试件编号	制备日期	试验日期	龄期/d	试件尺寸		受压面积 A/mm²	极限荷载 F/N	抗拉强度		折算系数 k	折算后的抗拉强度 R_t/MPa
				宽度 b/mm	高度 h/mm			单个值 $R_{t(i)}$/MPa	平均值 R_t/MPa		

备注	

水泥混凝土轴心抗压强度试验报告

(总分：　　　分)

姓名：　　　　　　学号：　　　　　　班级：　　　　　　分数：

试验目的									
主要试验设备及仪器									
试验依据					养护条件		温度		
试验编号							湿度		
组成材料种类及性质	水泥		细集料		粗集料		水		
配合比/(kg/m³)									
试件编号	制备日期	试验日期	龄期/d	极限破坏荷载 F/N	承压面积 A/mm²	轴心抗压强度		折算系数 k	折算后的抗折强度 f_{cp}/MPa
						单个值 $f_{cp(i)}$/MPa	平均值 $f_{cp(i)}$/MPa		
备注									

混凝土抗压弹性模量试验报告

（总分：   分）

姓名：   学号：   班级：   分数：

试验目的						
主要试验设备及仪器						
试验依据				试验日期		
试验编号		养护温度		养护湿度		
材料组成种类及性质	水泥	细集料	粗集料	水		
配合比/(kg/m³)						
轴心抗压强度/MPa		1	2	3	平均值	
试件尺寸/mm		测量标距/mm		检测设备		
初始荷载/kN		压力为40%轴压的荷载/kN				
预压	第一次变形/mm	初始				
		控制荷载系数				
		变形值				
	第二次变形/mm	初始				
		控制荷载系数				
		变形值				
	第三次变形/mm	初始				
		控制荷载系数				
		变形值				
第四次加荷变形/mm		变形				
		控制荷载系数				
		变形值				
第五次加荷变形/mm		初始				
		控制荷载系数				
		变形值				
棱柱体破坏荷载/kN						
棱柱体抗压强度/MPa						
弹性模量/(×10⁴ MPa)						

沥青三大指标试验样品制备试验报告

(总分：　　　分)

姓名：　　　　　学号：　　　　　班级：　　　　　分数：

试验目的				
主要试验设备及仪器				
沥青标号及种类			试验依据	
样　品	针入度试件	制备过程：		
	软化点试件	制备过程：		
	延度试件	制备过程：		
备　注				

沥青三大指标试验报告

(总分：　　　分)

姓名：　　　　　　学号：　　　　　　班级：　　　　　　分数：

试验目的	
主要试验设备及仪器	

试验项目	针入度		试验依据	
试验条件	温度/℃		试针质量/g	试针贯入时间/s
试验次数	1		2	3
针入度测试值/0.1 mm				
针入度平均值/0.1 mm				

试验项目	延度	试验依据	
试验条件	温度/℃	拉伸速度/(cm/min)	
试件编号	1	2	3
延度测试值/cm			
测试结果			

试验项目	软化点	试验依据	
试验条件	起始温度/℃	升温速度/℃	

试件编号	升温记录										软化点/℃	
	起始温度	第1分钟末	第2分钟末	第3分钟末	第4分钟末	第5分钟末	第6分钟末	第7分钟末	第8分钟末	第9分钟末	测试值	平均值
1												
2												

沥青混合料理论最大相对密度试验报告

(总分：　　　分)

姓名：　　　　　　学号：　　　　　　班级：　　　　　　分数：

试验目的			
主要试验设备及仪器			
沥青混合料种类		试验依据	
实验水温/℃		水的密度/(g/cm^3)	
混合料类型		试验日期	
样品编号			
混合料质量/g			
灌满水时：容器+加水质量/g			
抽真空时间/min			
真空度/kPa			
真空后：容器+水+试样质量/g			
理论最大相对密度			
理论最大密度/(g/cm^3)			
理论最大密度平均值/(g/cm^3)			

沥青混合料密度试验报告

(总分：　　　分)

姓名：　　　　　　学号：　　　　　　班级：　　　　　　分数：

试验目的						
主要试验设备及仪器						
沥青混合料种类			试验依据			
混合料名称			试验方法			
实验条件			试验日期			
试件编号		1	2	3	4	5	6
油石比/%							
圆周高度/mm	1						
	2						
	3						
	4						
	平均值						
干燥试件的空中质量 m_a/g							
试件的水中质量 m_w/g							
试件的表干质量 m_f/g							
试件毛体积相对密度							
理论最大相对密度							
压实度/%							

沥青混合料抽提试验报告

(总分：　　　分)

姓名：　　　　　　学号：　　　　　　班级：　　　　　　分数：

试验目的				
主要试验设备及仪器				
沥青混合料种类			试验依据	
混合料类型			试验方法	
试验条件			试验日期	
		试验编号	1	2
		混合料取样质量 m/g		
一、容器中留下的集料干燥质量 m_1 记录与计算	1.1	装集料托盘质量/g		
	1.2	装集料托盘编号		
	1.3	烘干后：集料+托盘质量/g		
	1.4	集料干燥质量 m_1/g		
二、圆环形滤纸在试验前后的增重 m_2 记录与计算	2.1	滤纸试验前质量/g		
	2.2	装滤纸托盘质量/g		
	2.3	装滤纸托盘编号		
	2.4	滤纸与托盘烘干后质量/g		
	2.5	滤纸试验后质量/g		
	2.6	滤纸增量 m_2/g		
三、泄漏入抽提液中的矿粉质量 m_3 记录与计算	3.1	回收筒质量/g		
	3.2	离心烘干后残渣+回收筒质量/g		
	3.3	抽提液中矿粉质量 m_3/g		
四、油石比 P_a 与沥青含量 P_b 计算	4.1	矿料总质量 m_a/g		
	4.2	沥青质量 m_b/g		
	4.3	油石比/%		
	4.4	油石比平均值/%		
	4.5	沥青含量/%		

沥青混合料样品制备试验报告

(总分：　　　分)

姓名：　　　　　　学号：　　　　　　班级：　　　　　　分数：

试验目的			
主要试验设备及仪器			
沥青混合料种类		试验依据	
试模规格		烘箱温度/℃	
拌和温度/℃		成型温度/℃	
制备方法			

制备过程：

备 注	

沥青混合料马歇尔稳定度、流值试验报告

(总分：   分)

姓名：   学号：   班级：   分数：

试验目的							
主要试验设备及仪器							
沥青混合料种类				试验依据			
混合料类型		油石比/%		试验条件			
拌和温度		℃	击实温度		℃	击实次数	
试件编号							
圆周对称度/mm	1						
	2						
	3						
	4						
	平均						
空气中质量/g							
水中质量/g							
表干质量/g							
吸水率/%							
毛体积相对密度							
矿料的合成毛体积相对密度							
最大相对密度							
空隙率/%							
VMA/%							
VFA/%							
稳定度/kN	测定度						
	平均值						
流值/mm	测定度						
	平均值						

含水量（烘干法/酒精燃烧法）试验报告

（总分：　　　分）

姓名：　　　　　　学号：　　　　　　班级：　　　　　　分数：

试验目的							
仪器设备							
试验依据					试验方法		

土样编号	盒号	称量盒质量 m_1/g (1)	盒+湿土质量 m_2/g (2)	盒+干土质量 m_3/g (3)	干土质量/g (4)=(3)-(1)	水分质量/g (5)=(2)-(3)	含水量/%	
							(5)/(4)×100	平均含水量

界限含水率试验报告(液塑限联合测定法)

(总分： 分)

姓名： 学号： 班级： 分数：

试验目的	
仪器设备	

试验依据		试验方法	

	点 号	1	2	3
锥入深度	h_1/mm			
	h_2/mm			
	$(h_1+h_2)/2$			
含水量	盒 号						
	盒质量/g						
	盒+湿土质量/g						
	盒+干土质量/g						
	水分质量/g						
	干土质量/g						
	含水量						
	平均含水量				

备注	

界限含水率试验报告（搓条法及平衡锥法）

(总分：　　　分)

姓名：　　　　　　学号：　　　　　　班级：　　　　　　分数：

试验目的							
仪器设备							
试验依据				试验方法			
界限含水率	盒号	称量盒质量 m_1/g (1)	盒+湿土质量 m_2/g (2)	盒+干土质量 m_3/g (3)	干土质量/g (4)=(3)-(1)	水分质量/g (5)=(2)-(3)	含水量/% (5)/(4)×100	平均含水量
液限								
塑限								
备注								

土颗粒分析试验报告(筛分法)

(总分:　　　分)

姓名:　　　　　　学号:　　　　　　班级:　　　　　　分数:

试验目的				
仪器设备				
试验依据			试验方法	
筛前总土质量＝　　　　g				
孔径/mm	留筛质量/g	累计留筛质量/g	小于该孔径的土质量/g	小于该孔径土质量百分比/%
60				
40				
20				
10				
5				
2				
1				
0.5				
0.25				
0.075				
筛余				
合计				

土样筛分曲线

（纵轴：小于某粒径的土质量百分数/%，0–100；横轴：土粒直径/mm，100–0.01）

土颗粒分析试验报告(密度计法)

(总分：　　　分)

姓名：　　　　　　学号：　　　　　　班级：　　　　　　分数：

试验目的										
仪器设备										
试验依据						试验方法				
下沉时间	悬液温度	密度计读数	温度校正值	分散剂校正值	刻度及弯液面校正	R	R_H	土粒沉降落距	粒径	小于某粒径的土质量百分比
t/min	t/℃	R_m	m_t	C_D	n	$R_m + m_t + n - C_D$	RC_G	L/cm	d/mm	X/%

土样级配曲线

（纵轴：小于某粒径的土质量百分数/%，0–100；横轴：土粒直径/mm，0.1、0.01、0.001、0.000 1、0.000 01）

标准击实试验报告

(总分：　　分)

姓名：　　　　　　学号：　　　　　　班级：　　　　　　分数：

试验目的					
仪器设备					
试验依据			试验方法		
样品名称			试验日期		
序号	1	2	3	4	5
预估含水量/%					
筒加湿试样质量/g					
筒质量/g					
湿试样质量/g					
湿密度/(g/cm³)					
盒号					
盒加湿试样质量/g					
盒加干试样质量/g					
盒质量/g					
水质量/g					
干试样质量/g					

含水量与干密度关系曲线

干密度 ρ_d/(g/cm³)

含水量/%

实验结果	最大干密度(g/cm³)：	最佳含水量(%)：

直剪试验报告

(总分：　　　分)

姓名：　　　　　　学号：　　　　　　班级：　　　　　　分数：

试验目的	
仪器设备	

试验依据		试验方法		试样编号	

垂直压力：　　　　kPa　　　　　　剪切历时：　　　　min
测力计率定系数 $C_1=$　　　　kPa/0.01 mm

手轮转数/转	测力计读数(0.01 mm)	剪切变形(0.01 mm)	抗剪强度/kPa
(1)	(2)	(3)=(1)×20−(2)	(4)=(2)×C_1
1			
2			
3			
4			
5			
6			
7			
8			
9			
10			
11			
12			
13			
14			
15			
16			
17			
18			
19			
20			
21			

续表

22			
23			
24			
25			
备注			

1.绘制剪应力 τ 与垂直压应力 P 的关系曲线图(自己用坐标纸画好,贴在下面的空白处,注意纵横坐标要一致,然后根据图解求出内摩擦角 φ、黏聚力 c)

2.绘制剪应力 τ 与剪切位移 L 关系曲线(自己用坐标纸画好,贴在下面的空白处)

固结试验报告

(总分：　　　分)

姓名：　　　　　　学号：　　　　　　班级：　　　　　　分数：

试验目的					
仪器设备					
试验依据				试验方法	
单位压力 /kPa	加压历时 /min	测微表读数 /mm	仪器变形量 /mm	校正后试样总变形量 /mm	孔隙比
p	t	S	S_1	$h_i=S-S_1$	$e_i=e_0-h_i(1+e_0)/H$
50	10				
100	10				
200	10				
300	10				
400	1				
	2				
	3				
	5				
	7				
	10				

1. 绘制 p-e 曲线

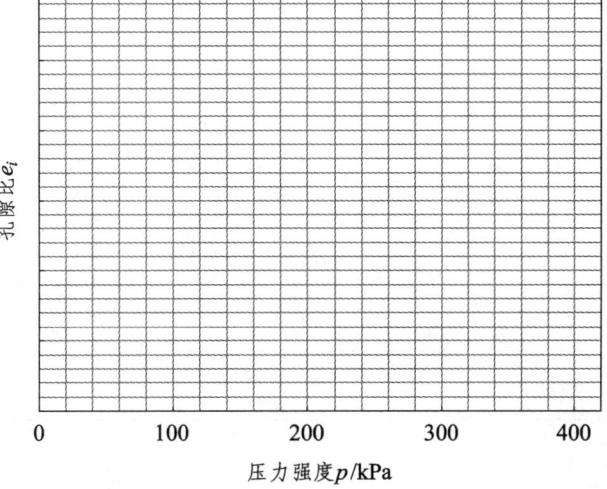

压缩曲线图

2. 绘制 $p=400$ kPa 时的沉降与时间关系曲线 $(t\text{-}h)$

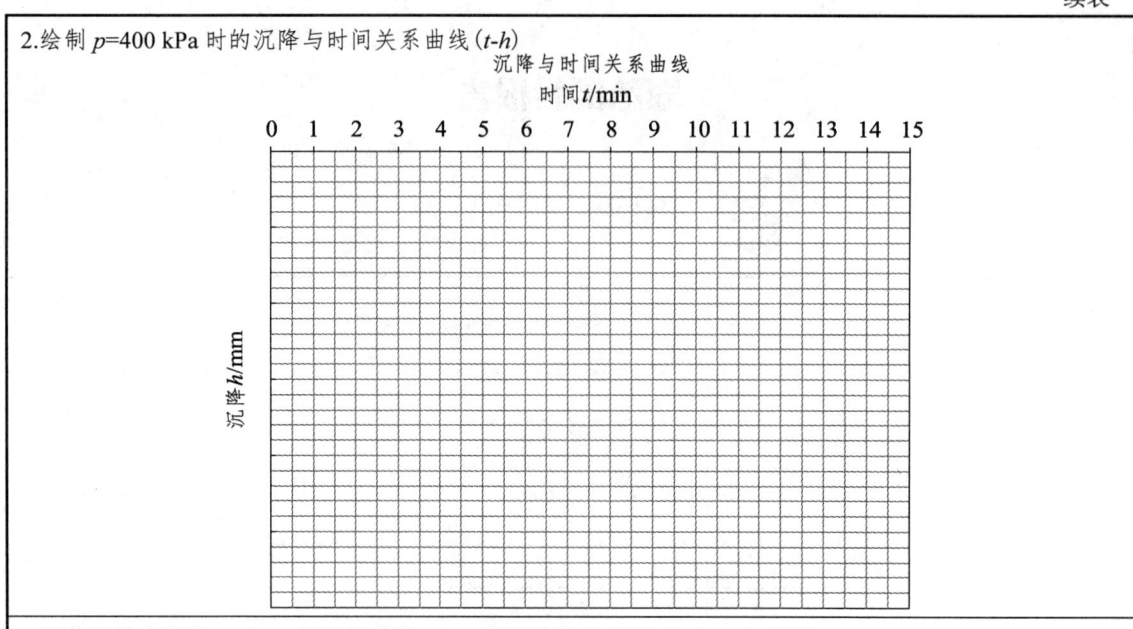

3. 计算原始孔隙比 e_0、$a_{1\text{-}2}$ 的压缩系数、$a_{1\text{-}2}$ 的压缩模量(要有公式、步骤等)

荷载试验报告(平板荷载)

(总分:　　　分)

姓名:　　　　　　学号:　　　　　　班级:　　　　　　分数:

试验目的						
仪器设备						
试验依据				试验方法		
加荷次序	测力计读数	荷载 p/kPa	经历时间 t/min	压板处百分表读数 s(0.01 mm)		
				百分表1	百分表2	平均值
1			0.5			
			1			
			2			
			3			
			4			
			5			
2			0.5			
			1			
			2			
			3			
			4			
			5			
3			0.5			
			1			
			2			
			3			
			4			
			5			
4			0.5			
			1			
			2			
			3			
			4			
			5			

续表

5			0.5				
			1				
			2				
			3				
			4				
			5				
6			0.5				
			1				
			2				
			3				
			4				
			5				
7			0.5				
			1				
			2				
			3				
			4				
			5				
8			0.5				
			1				
			2				
			3				
			4				
			5				

1. 绘制 $p\text{-}s$ 曲线

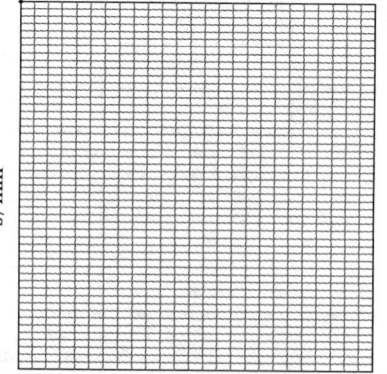

$p\text{-}s$ 曲线图

2. 确定地基土的承载力基本值和地基变形模量（要有依据和计算式）

三轴试验报告

(总分：　　　分)

姓名：　　　　　　学号：　　　　　　班级：　　　　　　分数：

试验目的					
仪器设备					
试验依据			试验方法		
组号	垂直力/kN	垂直变形/mm	应力/MPa	偏应力/MPa	应变
试件一					
试件二					

续表

		试件三			

绘制应力莫尔圆及强度包线

承载板测回弹模量试验报告

(总分：　　　分)

姓名：　　　　　　学号：　　　　　　班级：　　　　　　分数：

试验目的	
仪器设备	
试验依据	

试验场地：　　　　　　　　　　　　　　试验日期：

测力环系数：　　　　N/格　　　　承载板直径 D(cm)：　　　　泊松比 $\mu_0=$

加卸载次数	测力计读数	总压力 P/N	单位压力 p/MPa	百分表读数 (10^{-2} mm)		回弹变形 L_i (10^{-2} mm)		回弹模量 /MPa
				左	右	左+右	$L_{加载}-L_{卸载}$	
试验结果				$\sum p_i =$		$\sum L_i =$		

回弹模量 $E_0=$ 　　　　(MPa)

单位压力 p/MPa

回弹变形（10^{-2} mm）

承载比(CBR)贯入试验报告

(总分：　　　分)

姓名：	学号：	班级：	分数：

试验目的			
仪器设备			
试验依据		试验方法	试验时间
最大干密度：		样品编号	1
最佳含水量：		测力环系数：	kN/格

荷载测力环读数	单位压力 p	贯入量百分表读数			贯入量 l
		左表位移值	右表位移值	平均值	
0.01 mm	kPa	0.01 mm	0.01 mm	0.01 mm	mm

单位压力与贯入量关系曲线

试验结果	l=2.5 mm 时：p=_____kPa，CBR=p×100/7 000=_____%
	l=5.0 mm 时：p=_____kPa，CBR=p×100/10 500=_____%

续表

最大干密度：		样品编号			2
最佳含水量：		测力环系数：			kN/格
荷载测力环读数	单位压力 p	贯入量百分表读数			贯入量 l
		左表位移值	右表位移值	平均值	
0.01 mm	kPa	0.01 mm	0.01 mm	0.01 mm	mm

单 位 压 力 与 贯 入 量 关 系 曲 线

试验结果	l=2.5 mm 时：p=_____kPa，CBR=p×100/7 000=_____ %
	l=5.0 mm 时：p=_____kPa，CBR=p×100/10 500=_____ %

续表

最大干密度:			样品编号	3
最佳含水量:			测力环系数:	kN/格

荷载测力环读数	单位压力 p	贯入量百分表读数			贯入量 l
		左表位移值	右表位移值	平均值	
0.01 mm	kPa	0.01 mm	0.01 mm	0.01 mm	mm

单位压力与贯入量关系曲线

试验结果	l=2.5 mm 时：p=_____ kPa，CBR=$p\times 100/7\,000$=_____ %
	l=5.0 mm 时：p=_____ kPa，CBR=$p\times 100/10\,500$=_____ %

试验结果处理：

试样编号	贯入量 l/mm	单位压力 p/kPa	CBR 值 /%		
			单个值	平均值	变异系数 C_v
1					
2					
3					

试验结果原因分析：

灌砂法测试密度试验报告

(总分：　　　分)

姓名：　　　　　　学号：　　　　　　班级：　　　　　　分数：

试验目的	
仪器设备	
试验依据	试验方法
实验场地：	实验日期：
试坑深度：	灌砂筒直径：

1.标定灌砂筒下部锥体内砂的质量

	1	2	3
罐砂前砂(+罐砂筒)的质量 m_1/g			
罐砂后砂(+罐砂筒)的质量 m_5/g			
罐砂后砂(+罐砂筒)的质量 m_5'/g			
罐砂筒下部锥体砂质量 (m_5-m_5')/g			
罐砂筒下部锥体砂平均质量 m_2/g			

2.标定量砂的单位质量 γ_s

	1	2	3
标定罐的质量/g			
标定罐加水的质量/g			
标定罐的体积/mL			
标定罐的平均体积 V/mL			
罐砂前砂(+罐砂筒)的质量 m_1/g			
罐砂后砂(+罐砂筒)的质量 m_3/g			
填满标定罐的砂的质量/g			
填满标定罐的砂的平均质量 m_a/g			
砂的单位质量 $\gamma_s = m_a/V$ 　/(g/cm^3)			

3.现场测试数据

试洞中湿试样质量 m_w/g	
罐砂前砂(+罐砂筒)的质量 m_1/g	
罐砂后砂(+罐砂筒)的质量 m_4/g	
试洞中砂的质量 $(m_b=m_1-m_4-m_2)$/g	

续表

湿密度 $\rho_w = m_w \times \gamma_s / m_b$ /(g/cm³)	
4.含水量、干密度测定	
盒加湿试样质量/g	
盒加干试样质量/g	
盒的质量/g	
水的质量/g	
干试样质量/g	
含水量 w/%	
干密度 $\rho_d = \rho_w/(1+0.01w)$ /(g/cm³)	

压实度综合试验数据处理及压实度评定：

试验结果误差原因分析：

无机结合料稳定材料无侧限抗压强度报告

(总分：　　　分)

姓名：　　　　　　学号：　　　　　　班级：　　　　　　分数：

试验目的				
仪器设备				
试验依据		试验方法		
混合料名称		试件尺寸/cm		
养生龄期/d		结合料剂量/%		
最大干密度/%		试件压实度/%		
加载速率/(mm/min)		实验日期		
试件号				
试件制作法				
制件日期				
养生前试件质量 m_2/ g				
浸水前试件质量 m_3/ g				
浸水后试件质量 m_4/ g				
养生期质量损失 m_2-m_3/ g				
吸水量 m_4-m_3/ g				
养生前试件的高度 h_0/cm				
浸水后试件的高度 h/cm				
试验的最大压力 P/N				
无侧限抗压强度 R_C/MPa				
平均值/MPa		变异系数/%		代表值/MPa

注：养生期质量损失指水分损失。如养生后试件掉粒或掉块，不作为水分损失

无机结合料稳定材料间接抗拉强度试验报告

(总分：　　　分)

姓名：　　　　　　学号：　　　　　　班级：　　　　　　分数：

试验目的				
仪器设备				
试验依据		试验方法		
混合料名称		试件尺寸/cm		
加载速率/(mm/min)		结合料剂量/%		
试件压实度/%		最大干密度/%		
养生龄期/d		试验日期		
试件号				
试件制备方法				
制件日期				
养生前试件质量 m_2/g				
浸水前试件质量 m_3/g				
浸水后试件质量 m_4/g				
养生期质量损失 m_2-m_3/g				
吸水量 m_4-m_3/g				
养生前试件的高度 h_0/cm				
浸水后试件的高度 h/cm				
破坏荷载 P/N				
间接抗拉强度 R_i/MPa				
平均值/MPa		变异系数/%		代表值/MPa	
注：养生期质量损失指水分损失。如养生后试件掉粒或掉块，不作为水分损失				

回弹弯沉试验报告

(总分：　　分)

姓名：　　　　　　学号：　　　　　　班级：　　　　　　分数：

试验目的							
仪器设备							
试验依据				试验方法			
试验车型号：			后轴重：		路面温度：		试验温度：

桩号	左 轮				右 轮			
	百分表读数 (0.01 mm)		回弹弯沉 L_T (0.01 mm)	修正后弯沉 L_{20} (0.01 mm)	百分表读数 (0.01 mm)		回弹弯沉 L_T (0.01 mm)	修正后弯沉 L_{20} (0.01 mm)
	初读数 L_1	终读数 L_2			初读数 L_1	终读数 L_2		
试验结果	平均值：				标准差：		代表值：	

弯沉值（0.01 mm）

测距/m

左右轮弯沉曲线图

落锤式弯沉试验报告

姓名：　　　　　　　学号：　　　　　　　班级：　　　　　　　分数：

试验目的	
仪器设备	
试验依据	

试验方法	

相关方程：$L_B = 1.0581 L_{FWD} - 0.5941$　　　路面温度：　　　　　　日期：

序号	桩号	第一锤弯沉 (0.01 mm)	第二锤弯沉 (0.01 mm)	第三锤弯沉 (0.01 mm)	动弯沉 (0.01 mm)	回弹弯沉 (0.01 mm)

计算结果	平均值：	
	标准差：	
	弯沉代表值：	

弯沉值（0.01 mm）

测距/m

路面平整度试验报告

(总分：　　　分)

姓名：　　　　　　学号：　　　　　　班级：　　　　　　分数：

试验目的	
仪器设备	

试验依据		试验方法	

路面类型：　　　　　合格判定标准：≤　　　mm　　　试验日期：

桩号	间隙值										平均值/mm	不合格尺数	合格率/%
	尺数												
	1	2	3	4	5	6	7	8	9	10			

试验结果　平均值：　　　　　不合格尺数：　　　　　合格率：

备注	

路面抗滑值(摩擦系数)试验报告

(总分：   分)

姓名：   学号：   班级：   分数：

试验目的	
仪器设备	
试验依据	试验方法

工程名称：   路面温度：   试验日期：

桩号	路况描述	点数	摆 值 (BPN)						平均值	备注
			1	2	3	4	5	平均		
试验结果	修正前平均值： 修正后平均值： 标准差： 变异系数：									

路面构造深度(手动铺砂法)试验报告

(总分：   分)

姓名：   学号：   班级：   分数：

试验目的	
仪器设备	
试验依据	试验方法

工程名称：   试验日期：

桩号	路况描述	点数	摊砂直径/mm			构造深度/mm	平均值/mm	备注
			1	2	平均值			
试验结果	平均值(mm)： 标准差(mm)： 变异系数：							

沥青混凝土路面渗水试验报告

(总分： 分)

姓名： 学号： 班级： 分数：

试验目的	
仪器设备	

试验依据		试验方法	

路线名称： 试验日期：

桩号	路况描述	第1次读数时的时间 t_1/s	第2次读数时的时间 t_2/s	第1次读数时的水量 V_1/mL	第2次读数时的水量 V_2/mL	路面渗水系数 /(mL/min)
试验结果	平均值：					

混凝土综合性试验报告

(总分: 分)

姓名: 学号: 班级: 分数:

试验依据:

一、试验内容

要求学生根据选题,掌握所设计混凝土的技术性能,根据性能要求合理选择材料并确定原材料组成方案,通过试验对混凝土性能进行验证。

选择其中的一种混凝土(普通混凝土、高性能混凝土、高强混凝土、防水混凝土、道路混凝土、再生混凝土、绿色混凝土、粉煤灰混凝土)配制 C30 或 C40,最后确定试验方案及配合比计算。

二、主要仪器设备及规格型号

设备名称	型号	规格参数	备注

三、混凝土配合比设计(技术性能)

1. 混凝土强度等级:
2. 工作性:

四、原材料

原材料名称	技术指标	备注

五、配合比设计计算书（可以附页）